Taras Bulba

Nikolai Vasilievich Gogol

Тараса Бульба

Николай Васильевич Гоголь

Taras Bulba

ISNB: 978-1-60444-852-8

Тараса Бульба

© Индоевропейских Издание , 2018

ISNB: 978-1-60444-852-8

I

— А поворотись-ка, сын! Экой ты смешной какой! Что это на вас за поповские подрясники? И этак все ходят в академии? — Такими словами встретил старый Бульба двух сыновей своих, учившихся в киевской бурсе и приехавших домой к отцу.

Сыновья его только что слезли с коней. Это были два дюжие молодца, еще смотревшие исподлобья, как недавно выпущенные семинаристы. Крепкие, здоровые лица их были покрыты первым пухом волос, которого еще не касалась бритва. Они были очень смущены таким приемом отца и стояли неподвижно, потупив глаза в землю.

— Стойте, стойте! дайте мне разглядеть вас хорошенько, — продолжал он, поворачивая их, — какие же длинные на вас свитки! экие свитки! таких свиток еще и на свете не было. А побеги который-нибудь из вас! я посмотрю, не шлепнется ли он на землю, запутавшись в полы.

— Не смейся, не смейся, батько! — сказал наконец старший из них.

— Смотри ты, какой пышный![1] а отчего ж бы не смеяться?

— Да так; хоть ты мне и батька, а как будешь смеяться, то, ей-Богу, поколочу!

— Ах ты, сякой-такой сын! как, батьку? — сказал Тарас Бульба, отступивши с удивлением несколько шагов назад.

— Да хоть и батьку. За обиду не посмотрю и не уважу никого.

— Как же хочешь ты со мною биться, разве на кулаки? — Да уж на чем бы то ни было.

— Ну, давай на кулаки! — говорил Тарас Бульба, засучив рукава, — посмотрю я, что за человек ты в кулаке!

---

1. пышный - здесь: гордый, недотрога.

1

И отец с сыном, вместо приветствия после давней отлучки, начали насаживать друг другу тумаки и в бока, и в поясницу, и в грудь, то отступая и оглядываясь, то вновь наступая.

— Смотрите, добрые люди: одурел старый! совсем спятил с ума! — говорила бледная, худощавая и добрая мать их, стоявшая у порога и не успевшая еще обнять ненаглядных детей своих. — Дети приехали домой, больше года их не видали, а он задумал невесть что: на кулаки биться!

— Да он славно бьется! — говорил Бульба, остановившись, — ей-Богу, хорошо! — продолжал он, немного оправляясь, — так, хоть бы даже и не пробовать. Добрый будет казак! Ну, здорово, сынку! почеломкаемся! — И отец с сыном стали целоваться. — Добре, сынку! Вот так колоти всякого, как меня тузил: никому не спускай! а все-таки на тебе смешное убранство: что это за веревка висит? А ты, бейбас, что стоишь и руки опустил? — говорил он, обращаясь к младшему, — что ж ты, собачий сын, не поколотишь меня?

— Вот еще что выдумал! — говорила мать, обнимавшая между тем младшего, — и придет же в голову этакое, чтобы дитя родное било отца. Да будто и до того теперь: дитя молодое, проехало столько пути, утомилось... (это дитя было двадцати с лишком лет и ровно в сажень ростом), ему бы теперь нужно опочить и поесть чего-нибудь, а он заставляет его биться!

— Э, да ты мазунчик, как я вижу! — говорил Бульба. — Не слушай, сынку, матери: она баба, она ничего не знает. Какая вам нежба? Ваша нежба — чистое поле да добрый конь: вот ваша нежба! А видите вот эту саблю — вот ваша матерь! Это все дрянь, чем набивают головы ваши: и академии, и все те книжки, буквари, и философия, и все это ка зна що, — я плевать на все это! — Здесь Бульба пригнал в строку такое слово, которое даже не употребляется в печати. — А вот, лучше, я вас на той же неделе отправлю на Запорожье. Вот где наука! Там вам школа; там только наберетесь разуму.

— И всего только одну неделю быть им дома? — говорила жалостно, со слезами на глазах, худощавая старуха мать. — И погулять им, бедным, не удастся, не удастся и дому родного узнать, и мне не удастся наглядеться на них!

— Полно, полно выть, старуха! Казак не на то, чтобы возиться с бабами. Ты бы спрятала их обоих себе под юбку, да и сидела бы на них, как на куриных яйцах. Ступай, ступай, да ставь нам скорее на стол все, что есть. Не нужно пампушек, медовиков, маковников и других пундиков; тащи нам всего барана, козу давай, меды сорокалетние! да горелки побольше, не с выдумками горелки, не с изюмом и всякими вытребеньками, а чистой пенной горелки, чтоб играла и шипела, как бешеная.

Бульба повел сыновей своих в светлицу, откуда проворно выбежали две красивые девки-прислужницы в червонных монистах, прибиравшие комнаты. Они, как видно, испугались приезда паничей, не любивших спускать никому, или же просто хотели соблюсти свой женский обычай: вскрикнуть и броситься опрометью, увидевши мужчину, и потом долго закрываться от сильного стыда рукавом. Светлица была убрана во вкусе того времени, — о котором живые намеки остались только в песнях да в народных думах, уже не поющихся больше на Украине бородатыми старцами-слепцами в сопровождении тихого треньканья бандуры, в виду обступившего народа, — во вкусе того бранного, трудного времени, когда начались разыгрываться схватки и битвы на Украине за унию. Все было чисто, вымазано цветной глиною. На стенах — сабли, нагайки, сетки для птиц, невода и ружья, хитро обделанный рог для пороху, золотая уздечка на коня и путы с серебряными бляхами. Окна в светлице были маленькие, с круглыми тусклыми стеклами, какие встречаются ныне только в старинных церквах, сквозь

3

которые иначе нельзя было глядеть, как приподняв надвижное стекло. Вокруг окон и дверей были красные отводы. На полках по углам стояли кувшины, бутыли и фляжки зеленого и синего стекла, резные серебряные кубки, позолоченные чарки всякой работы: венецейской, турецкой, черкесской, зашедшие в светлицу Бульбы всякими путями через третьи и четвертые руки, что было весьма обыкновенно в те удалые времена. Берестовые скамьи вокруг всей комнаты; огромный стол под образами в переднем углу; широкая печь с запечьями, уступами и выступами, покрытая цветными пестрыми изразцами. Все это было очень знакомо нашим двум молодцам, приходившим каждый год домой на каникулярное время, приходившим потому, что у них не было еще коней, и потому, что не в обычае было позволять школярам ездить верхом. У них были только длинные чубы, за которые мог выдрать их всякий казак, носивший оружие. Бульба только при выпуске их послал им из табуна своего пару молодых жеребцов.

Бульба по случаю приезда сыновей велел созвать всех сотников и весь полковой чин, кто только был налицо; и когда пришли двое из них и есаул Дмитро Товкач, старый его товарищ, он им тот же час представил сыновей, говоря: «Вот, смотрите, какие молодцы! на Сечь их скоро пошлю». Гости поздравили и Бульбу и обоих юношей и сказали им, что доброе дело делают и что нет лучшей науки для молодого человека, как Запорожская Сечь.

— Ну ж, паны-браты, садись всякий, где кому лучше, за стол. Ну, сынки! прежде всего выпьем горелки! — так говорил Бульба. — Боже, благослови! Будьте здоровы, сынки: и ты, Остап, и ты, Андрий! Дай же Боже, чтоб вы на войне всегда были удачливы! чтоб бусурманов били, и турков бы били, и татаров били бы, когда и ляхи начнут что против веры нашей чинить, то и ляхов бы били. Ну, подставляй свою чарку; что, хороша горелка? А как по-латини горелка? То-то,

4

сынку, дурни были латинцы: они и не знали, есть ли на свете горелка. Как, бишь, того звали, что латинские вирши писал? Я грамоте разумею не сильно, а потому и не знаю: Гораций, что ли?

«Вишь, какой батька! — подумал про себя старший сын, Остап. — Все, старая собака, знает, а еще и прикидывается».

— Я думаю, архимандрит не давал вам и понюхать горелки, — продолжал Тарас. — А признайтесь, сынки, крепко стегали вас березовыми и свежим вишняком по спине и по всему, что ни есть у казака? А может, так как вы сделались уже слишком разумные, так, может, и плетюганами пороли; чай, не только по субботам, а доставалось и в среду и в четверг?

— Нечего, батько, вспоминать, что было, — отвечал Остап, — что было, то прошло!

— Пусть теперь попробует! — сказал Андрий, — пускай теперь кто-нибудь только зацепит; вот пусть только подвернется теперь какая-нибудь татарва, будет знать она, что за вещь казацкая сабля!

— Добре, сынку! ей-Богу, добре! Да когда на то пошло, то и я с вами еду! ей-Богу, еду. Какого дьявола мне здесь ждать? чтоб я стал гречкосеем, домоводом, глядеть за овцами да за свиньями да бабиться с женой? Да пропади они: я казак, не хочу! Так что же, что нет войны? я так поеду с вами на Запорожье, погулять; ей-Богу, поеду! — И старый Бульба мало-помалу горячился, горячился, наконец, рассердился совсем, встал из-за стола, и, приосанившись, топнул ногою. — Завтра же едем! зачем откладывать? какого врага мы можем здесь высидеть? на что нам эта хата? к чему нам все это? на что эти горшки? — Сказавши это, он начал колотить и швырять горшки и фляжки.

Бедная старушка, привыкшая уже к таким поступкам своего мужа, печально глядела, сидя на лавке. Она не смела ничего говорить; но, услыша о таком страшном для нее решении, она не могла удержаться от слез; взглянула на детей своих, с которыми угрожала ей такая скорая разлука, — и никто бы не мог описать всей безмолвной силы ее горести, которая, казалось, трепетала в глазах ее и в судорожно сжатых губах.

Бульба был упрям страшно. Это был один из тех характеров, которые могли возникнуть только в тяжелый XV век на полукочующем углу Европы, когда вся южная первобытная Россия, оставленная своими князьями, была опустошена, выжжена дотла неукротимыми набегами монгольских хищников; когда, лишившись дома и кровли, стал здесь отважен человек; когда на пожарищах, в виду грозных соседей и вечной опасности, селился он и привыкал глядеть им прямо в очи, разучившись знать, существует ли какая боязнь на свете; когда бранным пламенем объялся древле-мирный славянский дух и завелось казачество — широкая, разгульная замашка русской природы, и когда все поречья, перевозы, прибрежные пологие и удобные места усеялись казаками, которым и счету никто не ведал, и смелые товарищи их были вправе отвечать султану, пожелавшему знать о числе их: «Кто их знает! у нас их раскидано по всему степу: что байрак, то казак» (где маленький пригорок, там уж и казак). Это было, точно, необыкновенное явленье русской силы: его вышибло из народной груди огниво бед. Вместо прежних уделов, мелких городков, наполненных псарями и ловчими, вместо враждующих и торгующих городами мелких князей возникли грозные селения, курени и околицы, связанные общей опасностью и ненавистью против нехристианских хищников. Уже известно всем из истории, как их вечная борьба и беспокойная жизнь спасли Европу от неукротимых набегов, грозивших ее опрокинуть. Короли польские, очутившиеся, наместо удельных князей, властителями этих пространных земель, хотя отдаленными и слабыми, поняли значение казаков и выгоды такой бранной сторожевой жизни. Они поощряли их и льстили этому расположению. Под их отдаленною властью гетманы, избранные из среды самих же казаков, преобразовали околицы и курени в полки и правильные округи. Это не было строевое собранное войско, его бы никто не увидал; но в случае войны и общего движенья, в восемь дней, не больше, всякий являлся на коне во всем своем вооружении, получа один только червонец платы от короля, и в две недели набиралось такое войско, какого бы не в силах были набрать никакие рекрутские наборы. Кончился поход — воин уходил в луга и пашни, на днепровские перевозы, ловил рыбу, торговал, варил пиво и был вольный казак. Современные иноземцы справедливо дивились тогда необыкновенным способностям его. Не было ремесла, которого бы не знал казак: накурить вина, снарядить телегу, намолоть пороху, справить кузнецкую, слесарную работу и, в прибавку к тому, — гулять напропалую, пить и бражничать, как только может один русский, — все это было ему по плечу. Кроме рейстровых казаков, считавших обязанностью являться во время войны, можно было во всякое время, в случае большой потребности, набрать целые толпы охочекомонных: стоило только есаулам пройти по рынкам и площадям всех сел и местечек и прокричать во весь голос, ставши на телегу: «Эй вы, пивники, броварники[2], полно вам пиво варить, да валяться по запечьям, да кормить своим жирным телом мух! Ступайте славы рыцарской и чести добиваться! Вы, плугари, гречкосеи, овцеводы, баболюбы, полно вам за плугом ходить да пачкать в земле свои желтые чоботы, да подбираться к жинкам и губить силу рыцарскую! пора доставать казацкой славы!» И слова эти были как искры, падающие на сухое дерево. Пахарь ломал свой плуг, бровары и пивовары кидали свои кадки и разбивали бочки, ремесленник и торгаш посылал к черту и

---

2. броварники - пивовары.

ремесло и лавку, бил горшки в доме — и все, что ни было, садилось на коня. Словом, русский характер получил здесь могучий, широкий размах, крепкую наружность.

Тарас был один из числа коренных, старых полковников: весь был он создан для бранной тревоги и отличался грубой прямотой своего нрава. Тогда влияние Польши начинало уже оказываться на русском дворянстве. Многие перенимали уже польские обычаи, заводили роскошь, великолепные прислуги, соколов, ловчих, обеды, дворы. Тарасу было это не по сердцу. Он любил простую жизнь казаков и перессорился с теми из своих товарищей, которые были наклонны к варшавской стороне, называя их холопьями польских панов. Вечно неугомонный, он считал себя законным защитником православия. Самоуправно входил в села, где только жаловались на притеснения арендаторов и на прибавку новых пошлин с дыма. Сам с своими казаками производил над ними расправу и положил себе правилом, что в трех случаях всегда следует взяться за саблю, именно: когда комиссары [3] не уважали в чем старшин и стояли перед ними в шапках, когда глумились над Православием и не чтили обычая предков и, наконец, когда враги были бусурманы и турки, против которых он считал во всяком случае позволительным поднять оружие во славу христианства. Теперь он тешил себя заранее мыслию, как он явится с двумя сыновьями своими в Сечь и скажет: «Вот посмотрите, каких я молодцов привел к вам!»; как представит их всем старым закаленным в битвах товарищам; как поглядит на первые подвиги их в ратной науке и бражничестве, которое почиталось тоже одним из главных достоинств рыцаря. Он сначала хотел было отправить их одних; но при виде их свежести, рослости, могучей телесной красоты вспыхнул воинский дух его, и он на другой же день решился ехать с ними сам, хотя

3. комиссары - польские сборщики податей.

8

необходимостью этого была одна упрямая воля. Он уже хлопотал и отдавал приказы, выбирал коней и сбрую для молодых сыновей, наведывался и в конюшни и в амбары, отобрал слуг, которые должны были завтра с ними ехать. Есаулу Товкачу передал свою власть вместе с крепким наказом явиться сей же час со всем полком, если только он подаст из Сечи какую-нибудь весть. Хотя он был и навеселе и в голове его еще бродил хмель, однако ж не забыл ничего; даже отдал приказ напоить коней и всыпать им в ясли крупной и лучшей пшеницы, и пришел усталый от своих забот.

— Ну, дети, теперь надобно спать, а завтра будем делать то, что Бог даст. Да не стели нам постель! нам не нужна постель: мы будем спать на дворе.

Ночь еще только что обняла небо, но Бульба всегда ложился рано. Он развалился на ковре, накрылся бараньим тулупом, потому что ночной воздух был довольно свеж и потому что Бульба любил укрыться потеплее, когда был дома. Он вскоре захрапел, и за ним последовал весь двор; все, что ни лежало в разных его углах, захрапело и запело; прежде всего заснул сторож, потому что более всех напился для приезда паничей.

Одна бедная мать не спала; она приникла к изголовью дорогих сыновей своих, лежавших рядом; она расчесывала гребнем их молодые, небрежно всклокоченные кудри и смачивала их слезами; она глядела на них вся, глядела всеми чувствами, вся превратилась в одно зрение и не могла наглядеться. Она вскормила их собственною грудью; она возрастила, взлелеяла их — и только на один миг видит их перед собою! «Сыны мои, сыны мои милые! что будет с вами? что ждет вас?» — говорила она, и слезы остановились в морщинах, изменивших прекрасное когда-то лицо ее. В самом деле, она была жалка, как всякая женщина того удалого века. Она миг только жила любовью, только в первую горячку

9

страсти, в первую горячку юности, и уже суровый прельститель ее покидал ее для сабли, для товарищей, для бражничества. Она видела мужа в год два-три дня, и потом несколько лет о нем не бывало слуху. Да и когда виделась с ним, когда они жили вместе, что за жизнь ее была? Она терпела оскорбления, даже побои; она видела ласки, оказываемые только из милости; она была какое-то странное существо в этом сборище безженных рыцарей, на которых разгульное Запорожье набрасывало суровый колорит свой. Молодость без наслаждения мелькнула перед нею, и ее прекрасные свежие щеки и перси без лобзаний отцвели и покрылись преждевременными морщинами. Вся любовь, все чувства, все, что есть нежного и страстного в женщине, все обратилось у нее в одно материнское чувство. Она с жаром, с страстью, со слезами, как степная чайка, вилась над детьми своими. Ее сыновей, ее милых сыновей берут от нее; берут для того, чтобы не увидеть их никогда! Кто знает, может быть при первой битве татарин срубит им головы и она не будет знать, где лежат брошенные тела их, которые расклюет хищная подорожная птица, а за каждую каплю крови их она отдала бы себя всю. Рыдая, глядела она им в очи, когда всемогущий сон начинал уже смыкать их, и думала: «Авось-либо Бульба, проснувшись, отсрочит денька на два отъезд; может быть, он задумал оттого так скоро ехать, что много выпил».

Месяц с вышины неба давно уже озарял весь двор, наполненный спящими, густую кучу верб и высокий бурьян, в котором потонул частокол, окружавший двор. Она все сидела в головах сыновей своих, ни на минуту не сводила с них глаз и не думала о сне. Уже кони, чуя рассвет, все полегли на траву и перестали есть; верхние листья верб начали лепетать, и мало-помалу лепечущая струя спустилась по ним до самого низу. Она просидела до света, вовсе не утомилась и внутренне желала, чтобы ночь протянулась как можно дольше. Со степи понеслось звонкое ржание жеребенка; красные полосы ясно сверкнули на небе.

Бульба вдруг проснулся и вскочил; он очень хорошо помнил все, что приказывал вчера.

— Ну, хлопцы, полно спать! пора, пора! Напойте коней! А где стара? (так он обыкновенно называл жену свою). Живее, стара, готовь нам есть: путь лежит великий!

Бедная старушка, лишенная последней надежды, уныло поплелась в хату. Между тем как она со слезами готовила все, что нужно к завтраку, Бульба раздавал свои приказания, возился на конюшне и сам выбирал для детей своих лучшие убранства. Бурсаки вдруг преобразились; на них явились, вместо прежних запачканных сапогов, сафьянные красные с серебряными подковами; шаровары шириною в Черное море, с тысячью складок и со сборами, перетянулись золотым очкуром[4]; к очкуру прицеплены были длинные ремешки, с кистями и прочими побрякушками для трубки. Казакин алого цвета, сукна яркого, как огонь, опоясался узорчатым поясом; чеканные турецкие пистолеты были засунуты за пояс; сабля брякала по ногам. Их лица, еще мало загоревшие, казалось, похорошели и побелели; молодые черные усы теперь как-то ярче оттеняли белизну их и здоровый, мощный цвет юности; они были хороши под черными бараньими шапками с золотым верхом. Бедная мать как увидела их, и слова не могла промолвить, и слезы остановились в глазах ее.

— Ну, сыны, все готово! нечего мешкать! — произнес, наконец, Бульба. — Теперь, по обычаю христианскому, нужно перед дорогою всем присесть.

Все сели, не выключая даже и хлопцев, стоявших почтительно у дверей.

— Теперь благослови, мать, детей своих! — сказал Бульба, — моли Бога, чтобы они воевали храбро, защищали

---

4. очкур - шнурок, которым затягивали шаровары.

бы всегда честь лыцарскую[5], чтобы стояли всегда за веру Христову, а не то пусть лучше пропадут, чтобы и духу их не было на свете! Подойдите, дети, к матери: молитва материнская и на воде и на земле спасает!

Мать, слабая как мать, обняла их, вынула две небольшие иконы, надела им, рыдая, на шею.

— Пусть хранит вас... Божья Матерь... не забывайте, сынки, мать вашу... пришлите хоть весточку о себе... — далее она не могла говорить.

— Ну, пойдем, дети! — сказал Бульба.

У крыльца стояли оседланные кони. Бульба вскочил на своего Черта, который бешено отшатнулся, почувствовав на себе двадцатипудовое бремя, потому что Тарас был чрезвычайно тяжел и толст.

Когда увидела мать, что уже и сыны ее сели на коней, она кинулась к меньшому, у которого в чертах лица выражалось более какой-то нежности; она схватила его за стремя, она прилипла к седлу его и с отчаяньем в глазах не выпускала его из рук своих. Два дюжих казака взяли ее бережно и унесли в хату. Но когда выехали они за ворота, со всею легкостию дикой козы, несообразно летам, выбежала она за ворота, с непостижимою силою остановила лошадь и обняла одного из сыновей с какою-то помешанною, бесчувственною горячностию; ее опять увели.

Молодые казаки ехали смутно и удерживали слезы, боясь отца, который, с своей стороны, был тоже несколько смущен, хотя старался этого не показывать. День был серый; зелень сверкала ярко; птицы щебетали как-то вразлад. Они, проехавши, оглянулись назад: хутор их как будто ушел в землю; только видны были над землей две трубы скромного их домика, да вершины дерев, по сучьям которых они лазили, как белки; еще стлался перед ними тот луг, по которому они

---

5. лыцарскую -Рыцарскую.

могли припомнить всю историю своей жизни, от лет, когда валялись по росистой траве его, до лет, когда поджидали на нем чернобровую казачку, боязливо перелетавшую через него с помощию своих свежих, быстрых ног. Вот уже один только шест над колодцем с привязанным вверху колесом от телеги одиноко торчит в небе; уже равнина, которую они проехали, кажется издали горою и все собою закрыла... Прощайте и детство, и игры, и все, и все!

II

Все три всадника ехали молчаливо. Старый Тарас думал о давнем: перед ним проходила его молодость, его лета, его протекшие лета, о которых всегда плачет казак, желавший бы, чтобы вся жизнь его была молодость. Он думал о том, кого он встретит на Сечи из своих прежних сотоварищей. Он вычислял, какие уже перемерли, какие живут еще. Слеза тихо круглилась на его зенице, и поседевшая голова его уныло понурилась.

Сыновья его были заняты другими мыслями. Но нужно сказать поболее о сыновьях его. Они были отданы по двенадцатому году в Киевскую академию, потому что все почетные сановники тогдашнего времени считали необходимостью дать воспитание своим детям, хотя это делалось с тем, чтобы после совершенно позабыть его. Они тогда были, как все поступавшие в бурсу, дики, воспитаны на свободе, и там уже обыкновенно они несколько шлифовались и получали что-то общее, делавшее их похожими друг на друга. Старший, Остап, начал с того свое поприще, что в первый еще год бежал. Его возвратили, высекли страшно и засадили за книгу. Четыре раза закапывал он свой букварь в землю, и четыре раза, отодравши его бесчеловечно, покупали ему новый. Но без сомнения, он повторил бы и в пятый, если бы отец не дал ему торжественного обещания продержать его в монастырских службах целые двадцать лет и не поклялся наперед, что он не увидит Запорожья вовеки, если не выучится в академии всем наукам. Любопытно, что это говорил тот же самый Тарас Бульба, который бранил всю ученость и советовал, как мы уже видели, детям вовсе не заниматься ею. С этого времени Остап начал с необыкновенным старанием сидеть за скучною книгою и скоро стал наряду с лучшими. Тогдашний род учения страшно расходился с образом жизни: эти схоластические, грамматические, реторические и логические тонкости решительно не прикасались ко времени, никогда не применялись и не повторялись в жизни. Учившиеся им ни к чему не могли привязать своих познаний, хотя бы даже менее схоластических. Самые тогдашние ученые более других были невежды, потому что вовсе были удалены от опыта. Притом же это республиканское устройство бурсы, это ужасное множество молодых, дюжих, здоровых людей — все это должно было им внушить деятельность совершенно вне их учебного занятия. Иногда плохое содержание, иногда частые наказания голодом, иногда многие потребности, возбуждающиеся в свежем, здоровом, крепком юноше, — все это, соединившись, рождало в них ту предприимчивость, которая после развивалась на Запорожье. Голодная бурса рыскала по улицам Киева и заставляла всех быть осторожными. Торговки, сидевшие на базаре, всегда закрывали руками своими пироги, бублики, семечки из тыкв, как орлицы детей своих, если только видели проходившего бурсака. Консул[6], долженствовавший, по обязанности своей, наблюдать над подведомственными ему сотоварищами, имел такие страшные карманы в своих шароварах, что мог

---

6. консул - старший из бурсаков, избираемый для наблюдения за поведением своих товарищей.

поместить туда всю лавку зазевавшейся торговки. Эти бурсаки составляли совершенно отдельный мир: в круг высший, состоявший из польских и русских дворян, они не допускались. Сам воевода, Адам Кисель, несмотря на оказываемое покровительство академии, не вводил их в общество и приказывал держать их построже. Впрочем, это наставление было вовсе излишне, потому что ректор и профессоры-монахи не жалели лоз и плетей, и часто ликторы [7] по их приказанию пороли своих консулов так жестоко, что те несколько недель почесывали свои шаровары. Многим из них это было вовсе ничего и казалось немного чем крепче хорошей водки с перцем; другим, наконец, сильно надоедали такие беспрестанные припарки, и они убегали на Запорожье, если умели найти дорогу и если не были перехватываемы на пути. Остап Бульба, несмотря на то, что начал с большим старанием учить логику и даже богословие, никак не избавлялся неумолимых розог. Естественно, что все это должно было как-то ожесточить характер и сообщить ему твердость, всегда отличавшую казаков. Остап считался всегда одним из лучших товарищей. Он редко предводительствовал другими в дерзких предприятиях — обобрать чужой сад или огород, но зато он был всегда одним из первых, приходивших под знамена предприимчивого бурсака, и никогда, ни в каком случае, не выдавал своих товарищей; никакие плети и розги не могли заставить его это сделать. Он был суров к другим побуждениям, кроме войны и разгульной пирушки; по крайней мере никогда почти о другом не думал. Он был прямодушен с равными. Он имел доброту в таком виде, в каком она могла только существовать при таком характере и в тогдашнее время. Он душевно был тронут слезами бедной матери, и это одно только его смущало и заставляло задумчиво опустить голову.

---

7. ликтор - помощник консула.

Меньшой брат его, Андрий, имел чувства несколько живее и как-то более развитые. Он учился охотнее и без напряжения, с каким обыкновенно принимается тяжелый и сильный характер. Он был изобретательнее своего брата; чаще являлся предводителем довольно опасного предприятия и иногда, с помощию изобретательного ума своего, умел увертываться от наказания, тогда как брат его, Остап, отложивши всякое попечение, скидал с себя свитку и ложился на пол, вовсе не думая просить о помиловании. Он также кипел жаждою подвига, но вместе с нею душа его была доступна и другим чувствам. Потребность любви вспыхнула в нем живо, когда он перешел за восьмнадцать лет; женщина чаще стала представляться горячим мечтам его; он, слушая философские диспуты, видел ее поминутно, свежую, черноокую, нежную; пред ним беспрерывно мелькали ее сверкающие, упругие перси, нежная, прекрасная, вся обнаженная рука; самое платье, облипавшее вокруг ее девственных и вместе мощных членов, дышало в мечтах его каким-то невыразимым сладострастием. Он тщательно скрывал от своих товарищей эти движения страстной юношеской души, потому что в тогдашний век было стыдно и бесчестно думать казаку о женщине и любви, не отведав битвы. Вообще в последние годы он реже являлся предводителем какой-нибудь ватаги, но чаще бродил один где-нибудь в уединенном закоулке Киева, потопленном в вишневых садах, среди низеньких домиков, заманчиво глядевших на улицу. Иногда он забирался и в улицу аристократов, в нынешнем старом Киеве, где жили малороссийские и польские дворяне и где дома были выстроены с некоторою прихотливостию. Один раз, когда он зазевался, на него почти наехала колымага какого-то польского пана, и сидевший на козлах возница с престрашными усами хлыстнул его довольно исправно бичом. Молодой бурсак вскипел: с безумною смелостию схватил он мощною рукою своею за заднее колесо и остановил колымагу. Но кучер, опасаясь разделки, ударил по лошадям, они рванули — и Андрий, к счастию успевший отхватить руку, шлепнулся на землю прямо лицом в грязь. Самый звонкий и гармонический смех раздался над ним. Он поднял глаза и увидел стоявшую у окна красавицу, какой еще не видывал отроду: черноглазую и белую, как снег, озаренный утренним румянцем солнца. Она смеялась от всей души, и смех придавал сверкающую силу ее ослепительной красоте. Он оторопел. Он глядел на нее, совсем потерявшись, рассеянно обтирая с лица своего грязь, которою еще более замазывался. Кто бы была эта красавица? Он хотел было узнать от дворни, которая толпою, в богатом убранстве, стояла за воротами, окружив игравшего молодого бандуриста. Но дворня подняла смех, увидевши его запачканную рожу, и не удостоила его ответом. Наконец он узнал, что это была дочь приехавшего на время ковенского воеводы. В следующую же ночь, с свойственною одним бурсакам дерзостию, он пролез через частокол в сад, взлез на дерево, которое раскидывалось ветвями на самую крышу дома; с дерева перелез он на крышу и через трубу камина пробрался прямо в спальню красавицы, которая в это время сидела перед свечою и вынимала из ушей своих дорогие серьги. Прекрасная полячка так испугалась, увидевши вдруг перед собою незнакомого человека, что не могла произнести ни одного слова; но когда приметила, что бурсак стоял, потупив глаза и не смея от робости пошевелить рукою, когда узнала в нем того же самого, который хлопнулся перед ее глазами на улице, смех вновь овладел ею. Притом в чертах Андрия ничего не было страшного: он был очень хорош собою. Она от души смеялась и долго забавлялась над ним. Красавица была ветрена, как полячка; но глаза ее, глаза чудесные, пронзительно-ясные, бросали взгляд долгий, как постоянство. Бурсак не мог пошевелить рукою и был связан, как в мешке, когда дочь воеводы смело подошла к нему, надела ему на голову свою блистательную диадему, повесила на губы ему серьги и накинула на него кисейную прозрачную шемизетку с фестонами, вышитыми золотом. Она убирала его и делала с ним тысячу разных глупостей с развязностию дитяти, которою отличаются ветреные полячки и которая повергла бедного бурсака в большее еще смущение. Он представлял смешную фигуру, раскрывши рот и глядя неподвижно в ее ослепительные очи. Раздавшийся в это время у дверей стук испугал ее. Она велела ему спрятаться под кровать, и, как только беспокойство прошло, кликнула свою горничную, пленную татарку, и дала ей приказание осторожно вывесть его в сад и оттуда отправить через забор. Но на этот раз бурсак наш не так счастливо перебрался через забор: проснувшийся сторож хватил его порядочно по ногам, и собравшаяся дворня долго колотила его уже на улице, покамест быстрые ноги не спасли его. После этого проходить мимо дома было очень опасно, потому что дворня у воеводы была многочисленна. Он встретил ее еще раз в костеле: она заметила его и очень приятно усмехнулась, как давнему знакомому; он видел ее вскользь еще один раз, и после этого воевода ковенский скоро уехал, и вместо прекрасной черноглазой полячки выглядывало из окон какое-то толстое лицо. Вот о чем думал Андрий, повесив голову и потупив глаза в гриву коня своего.

А между тем степь уже давно приняла их всех в свои зеленые объятия, и высокая трава, обступивши, скрыла их, и только черные казачьи шапки одни мелькали между ее колосьями.

— Э, э! что же это вы, хлопцы, так притихли? — сказал, наконец, Бульба, очнувшись от своей задумчивости, — как будто какие-нибудь чернецы! Ну, разом все думки к нечистому! Берите в зубы люльки, да закурим, да пришпорим коней, да полетим так, чтобы и птица не угналась за нами!

И казаки, принагнувшись к коням, пропали в траве. Уже

и черных шапок нельзя было видеть; одна только струя сжимаемой травы показывала след их быстрого бега.

Солнце выглянуло давно на расчищенном небе и живительным, теплотворным светом своим облило степь. Все, что смутно и сонно было на душе у казаков, вмиг слетело; сердца их встрепенулись, как птицы.

Степь, чем далее, тем становилась прекраснее. Тогда весь юг, все то пространство, которое составляет нынешнюю Новороссию, до самого Черного моря, было зеленою, девственною пустынею. Никогда плуг не проходил по неизмеримым волнам диких растений; одни только кони, скрывавшиеся в них, как в лесу, вытаптывали их. Ничего в природе не могло быть лучше: вся поверхность земли представлялась зелено-золотым океаном, по которому брызнули миллионы разных цветов. Сквозь тонкие, высокие стебли травы сквозили голубые, синие и лиловые волошки; желтый дрок выскакивал вверх своею пирамидальною верхушкою; белая кашка зонтикообразными шапками пестрела на поверхности; занесенный Бог знает откуда колос пшеницы наливался в гуще. Под тонкими их корнями шныряли куропатки, вытянув свои шеи. Воздух был наполнен тысячью разных птичьих свистов. В небе неподвижно стояли ястребы, распластав свои крылья и неподвижно устремив глаза свои в траву. Крик двигавшейся в стороне тучи диких гусей отдавался Бог весть в каком дальнем озере. Из травы подымалась мерными взмахами чайка и роскошно купалась в синих волнах воздуха; вон она пропала в вышине и только мелькает одною черною точкою! вон она перевернулась крылами и блеснула перед солнцем!.. Черт вас возьми, степи, как вы хороши!..

Наши путешественники останавливались только на несколько минут для обеда, причем ехавший с ними отряд, состоявший из десяти казаков, слезал с лошадей, отвязывал деревянные баклажки с горелкою и тыквы, употребляемые

19

вместо сосудов. Ели только хлеб с салом или коржи, пили только по одной чарке, единственно для подкрепления, потому что Тарас Бульба не позволял никогда напиваться в дороге, и продолжали путь до вечера.

Вечером вся степь совершенно переменялась: все пестрое пространство ее охватывалось последним ярким отблеском солнца и постепенно темнело, так что видно было, как тень перебегала по нем, и она становилась темно-зеленою; испарения подымались гуще; каждый цветок, каждая травка испускала амбру, и вся степь курилась благовонием. По небу, изголуба-темному, как будто исполинскою кистью наляпаны были широкие полосы из розового золота; изредка белели клоками легкие и прозрачные облака, и самый свежий, обольстительный, как морские волны, ветерок едва колыхался по верхушкам травы и чуть дотрогивался до щек. Вся музыка, звучавшая днем, утихала и сменялась другою. Пестрые суслики выпалзывали из нор своих, становились на задние лапки и оглашали степь свистом. Трещание кузнечиков становилось слышнее. Иногда слышался из какого-нибудь уединенного озера крик лебедя и, как серебро, отдавался в воздухе. Путешественники, остановившись среди полей, избирали ночлег, раскладывали огонь и ставили на него котел, в котором варили себе кулиш[8]; пар отделялся и косвенно дымился на воздухе. Поужинав, казаки ложились спать, пустивши по траве спутанных коней своих. Они раскидывались на свитках. На них прямо глядели ночные звезды. Они слышали своим ухом весь бесчисленный мир насекомых, наполнявших траву: весь их треск, свист, стрекотанье, — все это звучно раздавалось среди ночи, очищалось в свежем воздухе и убаюкивало дремлющий слух. Если же кто-нибудь из них подымался и вставал на время, то ему представлялась степь усеянною блестящими искрами

---

8 . кулиш - жидкая пшенная каша с салом.

светящихся червей. Иногда ночное небо в разных местах освещалось дальним заревом от выжигаемого по лугам и рекам сухого тростника, и темная вереница лебедей, летевших на север, вдруг освещалась серебряно-розовым светом, и тогда казалось, что красные платки летели по темному небу.

Путешественники ехали без всяких приключений. Нигде не попадались им деревья: все та же бесконечная, вольная, прекрасная степь. По временам только в стороне синели верхушки отдаленного леса, тянувшегося по берегам Днепра. Один только раз Тарас указал сыновьям на маленькую, черневшую в дальней траве точку, сказавши: «Смотрите, детки, вон скачет татарин!» Маленькая головка с усами уставила издали прямо на них узенькие глаза свои, понюхала воздух, как гончая собака, и, как серна, пропала, увидевши, что казаков было тринадцать человек. «А ну, дети, попробуйте догнать татарина! и не пробуйте; вовеки не поймаете: у него конь быстрее моего Черта». Однако ж Бульба взял предосторожность, опасаясь где-нибудь скрывшейся засады. Они прискакали к небольшой речке, называвшейся Татаркою, впадающей в Днепр, кинулись в воду с конями своими и долго плыли по ней, чтобы скрыть свой след, и тогда уже, выбравшись на берег, они продолжали путь. Чрез три дня после этого они были уже недалеко от места, бывшего предметом их поездки. В воздухе вдруг захолодело: они почувствовали близость Днепра. Вот он сверкает вдали и темною полосою отделился от горизонта. Он веял холодными волнами и расстилался ближе, ближе и, наконец, обхватил половину всей поверхности земли. Это было то место Днепра, где он, дотоле спертый порогами, брал наконец свое и шумел, как море, разлившись по воле, где брошенные в средину его острова вытесняли его еще далее из берегов и волны его стлались широко по земле, не встречая ни утесов, ни возвышений. Казаки сошли с коней своих, взошли на паром и через три часа плавания были уже у берегов острова Хортицы, где была тогда Сечь, так часто переменявшая свое жилище.

Куча народу бранилась на берегу с перевозчиками. Казаки оправили коней. Тарас приосанился, стянул на себе покрепче пояс и гордо провел рукою по усам. Молодые сыны его тоже осмотрели себя с ног до головы с каким-то страхом и неопределенным удовольствием, — и все вместе въехали в предместье, находившееся за полверсты от Сечи. При въезде их оглушили пятьдесят кузнецких молотов, ударявших в двадцати пяти кузницах, покрытых дерном и вырытых в земле. Сильные кожевники сидели под навесом крылец на улице и мяли своими дюжими руками бычачьи кожи; крамари под ятками[9] сидели с кучами кремней, огнивами и порохом; армянин развесил дорогие платки; татарин ворочал на рожнах бараньи катки[10] с тестом; жид, выставив вперед свою голову, цедил из бочки горелку. Но первый, кто попался им навстречу, это был запорожец, спавший на самой средине дороги, раскинув руки и ноги. Тарас Бульба не мог не остановиться и не полюбоваться на него.

— Эх, как важно развернулся! Фу ты, какая пышная фигура! — говорил он, остановивши коня.

В самом деле, это была картина довольно смелая: запорожец, как лев, растянулся на дороге; закинутый гордо чуб его захватывал на пол-аршина земли; шаровары алого дорогого сукна были запачканы дегтем для показания полного к ним презрения. Полюбовавшись, Бульба пробирался далее по тесной улице, которая была загромождена мастеровыми, тут же отправлявшими ремесло свое, и людьми всех наций, наполнявшими это предместие Сечи, которое было похоже на ярмарку и которое одевало и кормило Сечь, умевшую только гулять да палить из ружей.

---

9 . крамари под ятками - торговцы в палатках.
10 . бараньи катки - куски бараньего мяса.

Наконец они миновали предместие и увидели несколько разбросанных куреней, покрытых дерном или, по-татарски, войлоком. Иные уставлены были пушками. Нигде не видно было забора или тех низеньких домиков с навесами на низеньких деревянных столбиках, какие были в предместье. Небольшой вал и засека, не хранимые решительно никем, показывали страшную беспечность. Несколько дюжих запорожцев, лежавших с трубками в зубах на самой дороге, посмотрели на них довольно равнодушно и не сдвинулись с места. Тарас осторожно проехал с сыновьями между них, сказавши: «Здравствуйте, панове!» — «Здравствуйте и вы!» — отвечали запорожцы. Везде, по всему полю, живописными кучами пестрел народ. По смуглым лицам видно было, что все были закалены в битвах, испробовали всяких невзгод. Так вот она, Сечь! Вот то гнездо, откуда вылетают все те гордые и крепкие, как львы! вот откуда разливается воля и казачество на всю Украину!

Путники выехали на обширную площадь, где обыкновенно собиралась рада. На большой опрокинутой бочке сидел запорожец без рубашки; он держал ее в руках и медленно зашивал на ней дыры. Им опять перегородила дорогу целая толпа музыкантов, в середине которых отплясывал молодой запорожец, заломивши шапку чертом и вскинувши руками. Он кричал только: «Живее играйте, музыканты! не жалей, Фома, горелки православным христианам!» И Фома, с подбитым глазом, мерял без счету каждому приставвавшему по огромнейшей кружке. Около молодого запорожца четверо старых вырабатывали довольно мелко ногами, вскидывались, как вихорь, на сторону, почти на голову музыкантам, и вдруг, опустившись, неслися вприсядку и били круто и крепко своими серебряными подковами плотно убитую землю. Земля глухо гудела на всю окружность, и в воздухе далече отдавались гопаки и тропаки, выбиваемые звонкими подковами сапогов. Но один всех живее вскрикивал и летел вслед за другими в танце. Чуприна развевалась по ветру, вся открыта была сильная грудь; теплый зимний кожух был надет в рукава, и пот градом лил с него, как из ведра. «Да сними хоть кожух! — сказал, наконец, Тарас, — видишь, как парит!» — «Не можно!» — кричал запорожец. «Отчего?» — «Не можно; у меня уж такой нрав: что скину, то пропью». А шапки уж давно не было на молодце, ни пояса на кафтане, ни шитого платка: все пошло куда следует. Толпа росла; к танцующим приставали другие, и нельзя было видеть без внутреннего движенья, как все отдирало танец самый вольный, самый бешеный, какой только видел когда-либо свет и который, по своим мощным изобретателям, назван казачком.

— Эх, если бы не конь! — вскрикнул Тарас, — пустился бы, право, пустился бы сам в танец!

А между тем в народе стали попадаться и уваженные по заслугам всею Сечью, седые, старые чубы, бывавшие не раз старшинами. Тарас скоро встретил множество знакомых лиц. Остап и Андрий слышали только приветствия: «А, это ты, Печерица! Здравствуй, Козолуп!» — «Откуда Бог несет тебя, Тарас?» — «Ты как сюда зашел, Долото? Здорово, Кирдяга! Здорово, Густый! Думал ли я видеть тебя, Ремень?» И витязи, собравшиеся со всего разгульного мира восточной России, целовались взаимно, и тут понеслись вопросы: «А что Касьян? что Бородавка? что Колопер? что Пидсыток?» И слышал только в ответ Тарас Бульба, что Бородавка повешен в Толопане, что с Колопера содрали кожу под Кизикирменом, что Пидсыткова голова посолена в бочке и отправлена в самый Царьград. Понурил голову старый Бульба и раздумчиво говорил: «Добрые были казаки!»

III

Уже около недели Тарас Бульба жил с сыновьями своими на Сечи. Остап и Андрий мало занимались военною школою. Сечь не любила затруднять себя военными упражнениями и терять время; юношество воспитывалось и образовывалось в ней одним опытом, в самом пылу битв, которые оттого были почти беспрерывны. Казаки почитали скучным занимать промежутки изучением какой-нибудь дисциплины, кроме разве стрельбы в цель да изредка конной скачки и гоньбы за зверем в степях и лугах; все прочее время отдавалось гульбе — признаку широкого размета душевной воли. Вся Сечь представляла необыкновенное явление: это было какое-то беспрерывное пиршество, бал, начавшийся шумно и потерявший конец свой. Некоторые занимались ремеслами, иные держали лавочки и торговали, но большая часть гуляла с утра до вечера, если в карманах звучала возможность и добытое добро не перешло еще в руки торгашей и шинкарей. Это общее пиршество имело в себе что-то околдовывающее. Оно не было сборищем бражников, напивавшихся с горя, но было просто бешеное разгулье веселости. Всякий приходящий сюда позабывал и бросал все, что дотоле его занимало. Он, можно сказать, плевал на свое прошедшее и беззаботно предавался воле и товариществу таких же, как сам, гуляк, не имевших ни родных, ни угла, ни семейства, кроме вольного неба и вечного пира души своей. Это производило ту бешеную веселость, которая не могла бы родиться ни из какого другого источника. Рассказы и болтовня среди собравшейся толпы, лениво отдыхавшей на земле, часто так были смешны и дышали такою силою живого рассказа, что нужно было иметь всю хладнокровную наружность запорожца, чтобы сохранять неподвижное выражение лица, не моргнув даже усом, — резкая черта, которою отличается доныне от других братьев своих южный россиянин. Веселость была пьяна, шумна, но при всем том это не был черный кабак, где мрачно-искажающим весельем забывается человек; это был тесный круг школьных товарищей. Разница была только в том, что вместо сидения за указкой и пошлых толков учителя они производили набег на пяти тысячах коней; вместо луга, где играют в мяч, у них были неохраняемые, беспечные границы, в виду которых татарин выказывал быструю свою голову и неподвижно, сурово глядел турок в зеленой чалме своей. Разница та, что вместо насильной воли, соединившей их в школе, они сами собою кинули отцов и матерей и бежали из родительских домов; что здесь были те, у которых уже моталась около шеи веревка и которые вместо бледной смерти увидели жизнь, и жизнь во всем разгуле; что здесь были те, которые, по благородному обычаю, не могли удержать в кармане своем копейки; что здесь были те, которые дотоле червонец считали богатством, у которых, по милости арендаторов-жидов, карманы можно было выворотить без всякого опасения что-нибудь выронить. Здесь были все бурсаки, не вытерпевшие академических лоз и не вынесшие из школы ни одной буквы; но вместе с ними здесь были те, которые знали, что такое Гораций, Цицерон и Римская республика. Тут было много тех офицеров, которые потом отличались в королевских войсках; тут было множество образовавшихся опытных партизанов, которые имели благородное убеждение мыслить, что все равно, где бы ни воевать, только бы воевать, потому что неприлично благородному человеку быть без битвы. Много было и таких, которые пришли на Сечь с тем, чтобы потом сказать, что они были на Сечи и уже закаленные рыцари. Но кого тут не было? Это странная республика была именно потребностию того века. Охотники до военной жизни, до золотых кубков, богатых парчей, дукатов и реалов во всякое время могли найти здесь работу. Одни только обожатели женщин не могли найти здесь ничего, потому что даже в предместье

Сечи не смела показываться ни одна женщина. Остапу и Андрию казалось чрезвычайно странным, что при них же приходила на Сечь бездна народу, и хоть бы кто-нибудь спросил: откуда эти люди, кто они и как их зовут? Они приходили сюда, как будто бы возвращаясь в свой собственный дом, откуда только за час перед тем вышли. Пришедший являлся только к кошевому, который обыкновенно говорил:

— Здравствуй! во Христа веруешь?

— Верую! — отвечал приходивший.

— И в Троицу Святую веруешь?

— Верую!

И в церковь ходишь?

— Хожу.

— А ну, перекрестись!

Пришедший крестился.

— Ну, хорошо, — отвечал кошевой[11], — ступай же в который сам знаешь курень.

Этим оканчивалась вся церемония. И вся Сечь молилась в одной церкви и готова была защищать ее до последней капли крови, хотя и слышать не хотела о посте и воздержании. Только побуждаемые сильною корыстию жиды, армяне и татары осмеливались жить и торговать в предместье, потому что запорожцы никогда не любили торговаться, а сколько рука вынула из кармана денег, столько и платили. Впрочем, участь этих корыстолюбивых торгашей была очень жалка: они походили на тех, которые селились у подошвы Везувия, потому что, как только у запорожцев неставало денег, то удалые разбивали их лавочки и брали всегда даром. Сечь состояла из шестидесяти с лишком куреней, которые очень похожи были на отдельные, независимые республики, а еще более на школу и бурсу детей, живущих на всем готовом.

11 . кошевой - руководитель коша (стана), выбиравшийся ежегодно.

Никто ничем не заводился и ничего не держал у себя; все было на руках у куренного атамана, который за это обыкновенно носил название «батьки». У него были на руках деньги, платья, весь харч, саламата[12], каша и даже топливо; ему отдавали деньги под сохран. Нередко происходила ссора у куреней с куренями: в таком случае дело тот же час доходило до драки. Курени покрывали площадь и кулаками ломали друг другу бока, покамест одни не пересиливали наконец и не брали верх, и тогда начиналась гульня. Такова была эта Сечь, имевшая столько приманок для молодых людей.

Остап и Андрий кинулись со всею пылкостию юношей в это разгульное море и забыли вмиг и отцовский дом, и бурсу, и все, что волновало прежде душу, и предались новой жизни. Все занимало их: разгульные обычаи Сечи, и немногосложная управа, и законы, которые казались им даже слишком строгими среди такой своевольной республики. Если казак проворовался, украл какую-нибудь безделицу, это считалось уже поношением всему казачеству: его, как бесчестного, привязывали к позорному столбу и клали возле него дубину, которою всякий проходящий обязан был нанести ему удар, пока таким образом не забивали его до смерти. Не платившего должника приковывали цепью к пушке, где должен был он сидеть до тех пор, пока кто-нибудь из товарищей не решался его выкупить, заплативши за него долг. Но более всего произвела впечатление на Андрия страшная казнь, определенная за смертоубийство. Тут же, при нем, вырыли яму, опустили туда живого убийцу и сверх него поставили гроб, заключавший тело им убиенного, и потом обоих засыпали землею. Долго потом все чудился ему страшный обряд казни и все представлялся этот заживо засыпанный человек вместе с ужасным гробом.

---

12 . саламата - мучная похлебка (преимущественно из гречневой муки).

Скоро оба молодые казака стали на хорошем счету у казаков. Часто вместе с другими товарищами своего куреня, а иногда со всем куренем и с соседними куренями выступали они в степи для стрельбы несметного числа всех возможных степных птиц, оленей и коз, или же выходили на озера, реки и протоки, отведенные по жребию каждому куреню, закидывать невода, сети и тащить богатые тони на продовольствие всего куреня. Хотя и не было тут науки, на которой пробуется казак, но они стали уже заметны между другими молодыми прямою удалью и удачливостью во всем. Бойко и метко стреляли в цель, переплывали Днепр против течения — дело, за которое новичок принимался торжественно в казацкие круги.

Но старый Тарас готовил им другую деятельность. Ему не по душе была такая праздная жизнь — настоящего дела хотел он. Он все придумывал, как бы поднять Сечь на отважное предприятие, где бы можно было разгуляться как следует рыцарю; наконец в один день пришел к кошевому и сказал ему прямо:

— Что, кошевой? пора бы погулять запорожцам.

— Негде погулять, — отвечал кошевой, вынувши изо рту маленькую трубку и сплюнув на сторону.

— Как негде? можно пойти на турещину или на татарву.

— Не можно ни в турещину, ни на татарву, — отвечал кошевой, взявши опять хладнокровно в рот свою трубку.

— Как не можно?

— Так; мы обещали султану мир.

— Да ведь он бусурман: и Бог и Святое Писание велит бить бусурманов.

— Не имеем права. Если б не клялись еще нашею верою, то, может быть, и можно было бы; а теперь нет, не можно.

— Как не можно? Как же ты говоришь: не имеем права? Вот у меня два сына, оба молодые люди. Еще ни разу ни тот, ни другой не был на войне, а ты говоришь — не имеем права; а ты говоришь — не нужно идти запорожцам.

— Ну, уж не следует так.

— Так, стало быть, следует, чтобы пропадала даром казацкая сила, чтобы человек сгинул, как собака, без доброго дела, чтобы ни отчизне, ни всему христианству не было от него никакой пользы? Так на что же мы живем, на какого черта мы живем? растолкуй ты мне это. Ты человек умный, тебя недаром выбрали в кошевые, растолкуй мне, на что мы живем?

Кошевой не дал ответа на этот вопрос. Это был упрямый казак. Он немного помолчал и потом сказал:

— А войне все-таки не бывать.

— Так не бывать войне? — спросил опять Тарас.

— Нет.

— Так уж и думать об этом нечего?

— И думать об этом нечего.

«Постой же ты, чертов кулак! — сказал Бульба про себя, — ты у меня будешь знать!» И положил тут же отомстить кошевому.

Сговорившись с тем и другим, задал он всем попойку, и хмельные казаки в числе нескольких человек повалили прямо на площадь, где стояли привязанные к столбу литавры, в которые обыкновенно били сбор на раду; не нашедши палок, хранившихся всегда у довбиша, они схватили по полену в руки и начали колотить в них. На бой прежде всего прибежал довбиш, высокий человек с одним только глазом, однако ж, несмотря на то, страшно заспанным.

— Кто смеет бить в литавры? — закричал он.

— Молчи! возьми свои палки, да и колоти, когда тебе велят! — отвечали подгулявшие старшины.

Довбиш вынул тотчас из кармана палки, которые он взял с собою, очень хорошо зная окончание подобных происшествий. Литавры грянули, — и скоро на площадь, как шмели, стали собираться черные кучи запорожцев. Все собрались в кружок, и после третьего боя показались, наконец, старшины: кошевой с палицей в руке, знаком своего достоинства, судья с войсковою печатью, писарь с чернильницею и есаул с жезлом. Кошевой и старшины сняли шапки и раскланялись на все стороны казакам, которые гордо стояли, подпершись руками в бока.

— Что значит это собранье, чего хотите, панове? — сказал кошевой. Брань и крики не дали ему говорить.

— Клади палицу! клади, чертов сын, сей же час палицу! не хотим тебя больше! — кричали из толпы казаки.

Некоторые из трезвых куреней хотели, как казалось, противиться; но курени, и пьяные и трезвые, пошли на кулаки. Крик и шум сделались общими.

Кошевой хотел было говорить, но, зная что разъярившаяся, своевольная толпа может за это прибить его насмерть, что всегда почти бывает в подобных случаях, поклонился очень низко, положил палицу и скрылся в толпе.

— Прикажете, панове, и нам положить знаки достоинства? — сказали судья, писарь и есаул и готовились тут же положить чернильницу, войсковую печать и жезл.

— Нет, вы оставайтесь, — закричали из толпы, — нам нужно было только прогнать кошевого, потому что он баба, а нам нужно человека в кошевые.

— Кого же выберете теперь в кошевые? — сказали старшины.

— Кукубенка выбрать! — кричала часть.

— Не хотим Кукубенка! — кричала другая, — рано ему: еще молоко на губах не обсохло.

— Шило пусть будет атаманом! — кричали одни. — Шила посадить в кошевые!

— В спину тебе шило! — кричала с бранью толпа, — что он за казак, когда проворовался, собачий сын, как татарин? К черту в мешок пьяницу Шила!

31

— Бородатого, Бородатого посадим в кошевые!

— Не хотим Бородатого! к нечистой матери Бородатого!

— Кричите Кирдягу! — шепнул Тарас Бульба некоторым.

— Кирдягу! Кирдягу! — кричала толпа. — Бородатого, Бородатого! Кирдягу, Кирдягу! Шила! к черту с Шилом! Кирдягу!

Все кандидаты, услышав произнесенными свои имена, тотчас же вышли из толпы, чтобы не подать никакого повода думать, будто бы они помогали личным участьем своим в избрании.

— Кирдягу! Кирдягу! — раздавалось сильнее прочих. — Бородатого!

Дело принялись доказывать кулаками, и Кирдяга восторжествовал.

— Ступайте за Кирдягою! — закричали.

Человек десяток казаков отделилось тут же из толпы; некоторые из них едва держались на ногах — до такой степени успели нагрузиться, и отправились прямо к Кирдяге, объявить ему о его избрании.

Кирдяга, хотя престарелый, но умный казак, давно уже сидел в своем курене и как бы не ведал ни о чем происходившем.

— Что, панове, что вам нужно? — спросил он.

— Иди, тебя выбрали в кошевые!

— Помилосердствуйте, панове! — сказал Кирдяга, — где мне быть достойну такой чести! где мне быть кошевым! Да у меня и разума не хватит к отправлению такой должности. Будто уже никого лучшего не нашлось в целом войске?

— Ступай же, говорят тебе! — кричали запорожцы. Двое из них схватили его под руки, и как он ни упирался ногами, но был, наконец, притащен на площадь, сопровождаемый бранью, подталкиваньем сзади кулаками, пинками и увещаньями: — Не пяться же, чертов сын! принимай же честь, собака, когда тебе дают ее!

Таким образом введен был Кирдяга в казачий круг.

— Что, панове, — провозгласили во весь народ приведшие его, — согласны ли вы, чтобы сей казак был у нас кошевым?

— Все согласны! — закричала толпа, и от крику долго гремело все поле.

Один из старшин взял палицу и поднес ее новоизбранному кошевому. Кирдяга, по обычаю, тотчас же отказался. Старшина поднес в другой раз; Кирдяга отказался и в другой раз и потом уже, за третьим разом, взял палицу. Одобрительный крик раздался по всей толпе, и вновь далеко загудело от казацкого крику все поле. Тогда выступило из средины народа четверо самых старых, седоусых и седочупрынных казаков (слишком старых не было на Сечи, ибо никто из запорожцев не умирал своею смертью) и, взявши каждый в руки земли, которая на ту пору от бывшего дождя растворилась в грязь, положили ее ему на голову. Мокрая земля стекла с его головы, потекла по усам и по щекам и все лицо замарала ему грязью. Но Кирдяга стоял, не двигаясь с места, и благодарил казаков за оказанную честь.

Таким образом кончилось шумное избрание, которому, неизвестно, были ли так рады другие, как рад был Бульба: этим он отомстил прежнему кошевому; к тому же и Кирдяга был старый его товарищ и бывал с ним в одних и тех же сухопутных и морских походах, деля суровости и труды боевой жизни. Толпа разбрелась тут же праздновать избранье, и поднялась гульня, какой еще не видывали дотоле Остап и Андрий. Винные шинки были разбиты; мед, горелка и пиво забирались просто, без денег; шинкари были уже рады и тому, что сами остались целы. Вся ночь прошла в криках и песнях, славивших подвиги, — и взошедший месяц долго еще видел толпу музыкантов, проходивших по улицам с бандурами, турбанами, круглыми балалайками, и церковных песельников, которых держали на Сечи для пенья в церкви и для восхваления запорожских дел. Наконец хмель и утомленье стали одолевать крепкие головы. И видно было, как то там, то в другом месте падал на землю казак; как товарищ, обнявши товарища, расчувствовавшись и даже заплакавши, валился вместе с ним. Там гурьбою улегалась целая куча; там выбирал иной, как бы получше ему улечься, и лег прямо на деревянную колоду. Последний, который был покрепче, еще выводил какие-то бессвязные речи; наконец и того подкосила хмельная сила, повалился и тот, — и заснула вся Сечь.

IV

А на другой день Тарас Бульба уже совещался с новым кошевым, как поднять запорожцев на какое-нибудь дело. Кошевой был умный и хитрый казак, знал вдоль и поперек запорожцев и сначала сказал: «Не можно клятвы преступить, никак не можно». А потом, помолчавши, прибавил: «Ничего, можно; клятвы мы не преступим, а так кое-что придумаем. Пусть только соберется народ, да не то чтобы по моему приказу, а просто своею охотою. Вы уж знаете, как это сделать. А мы со старшинами тотчас и прибежим на площадь, будто бы ничего не знаем».

Не прошло часу после их разговора, как уже грянули в литавры. Нашлись вдруг и хмельные и неразумные казаки. Миллион казацких шапок высыпал на площадь. Поднялся говор: «что? зачем? из какого дела пробили сбор?» Никто не отвечал. Наконец в том и другом углу стало раздаваться: «Вот пропадает даром казацкая сила: нет войны! Вот старшины забайбачились наповал, заплыли жиром очи! Нет, видно, правды на свете!» Другие казаки слушали сначала, а потом и сами стали говорить: «А и вправду нет никакой правды на свете!» Старшины казались изумленными от таких речей. Наконец кошевой вышел вперед и сказал:

— Позвольте, панове запорожцы, речь держать!

— Держи!

— Вот в рассуждении того теперь идет речь, панове добродийство, да вы, может быть, и сами лучше это знаете, что многие запорожцы позадолжали в шинки жидам и своим братьям столько, что они один черт теперь и веры неймет. Потом опять в рассуждении того пойдет речь, что есть много таких хлопцев, которые еще и в глаза не видали, что такое война, тогда как молодому человеку, и сами знаете, панове, без войны не можно пробыть. Какой и запорожец из него, если Он еще ни разу не бил бусурмана?

«Он хорошо говорит», — подумал Бульба.

— Не думайте, панове, чтобы я, впрочем, говорил это для того, чтобы нарушить мир; сохрани Бог! я только так это говорю. Притом же у нас храм Божий, грех сказать, что такое: вот сколько лет уже, как, по милости Божией, стоит Сечь, а до сих пор не то уже чтобы снаружи церковь, но даже образа без всякого убранства; хотя бы серебряную ризу кто догадался им выковать; они только то и получили, что отказали в духовной иные казаки; да и даяние было бедное, потому что почти все пропили еще при жизни своей. Так я веду речь эту не к тому, чтобы начать войну с бусурманами: мы обещали султану мир, и нам бы великий был грех, потому что мы клялись по закону нашему.

«Что ж он путает такое?» — сказал про себя Бульба.

— Да, так видите, панове, что войны не можно начать: рыцарская честь не велит. А по своему бедному разуму вот что я думаю: пустить с челнами одних молодых; пусть немного пошарпают берега Натолии. Как думаете, панове?

— Веди, веди всех! — закричала со всех сторон толпа. — За веру готовы положить головы.

Кошевой испугался; он ничуть не хотел подымать всего

Запорожья: разорвать мир ему казалось в этом случае делом неправым.

— Позвольте, панове, еще одну речь держать!

— Довольно! — кричали запорожцы, — лучше не скажешь!

— Когда так, то пусть будет так. Я слуга вашей воли. Уж дело известное, и по Писанью известно, что глас народа — глас Божий. Уж умнее того нельзя выдумать, что весь народ выдумал. Только вот что: вам известно, панове, что султан не оставит безнаказанно то удовольствие, которым потешатся молодцы. А мы тем временем были бы наготове, и силы у нас были бы свежие, и никого б не побоялись. А во время отлучки и татарва может напасть: они, турецкие собаки, в глаза не кинутся и к хозяину на дом не посмеют прийти, а сзади укусят за пятки, да и больно укусят. Да если уж пошло на то, чтобы говорить правду, у нас и челнов нет столько в запасе, да и пороху не намолото в таком количестве, чтобы можно было всем отправиться. А я, пожалуй, я рад, я слуга вашей воли.

Хитрый атаман замолчал. Кучи начали переговариваться, куренные атаманы совещаться; пьяных, к счастию, было немного, и потому решились послушаться благоразумного совета.

В тот же час отправилось несколько человек на противуположный берег Днепра, в войсковую скарбницу, где, в неприступных тайниках, под водою и в камышах, скрывалась войсковая казна и часть добытых у неприятеля оружий. Другие все бросились к челнам, осматривать их и снаряжать в дорогу. Вмиг толпою народа наполнился берег. Несколько плотников явилось с топорами в руках. Старые, загорелые, широкоплечие, дюженогие запорожцы, с проседью в усах и черноусые, засучив шаровары, стояли по колена в воде и стягивали челны крепким канатом с берега. Другие таскали готовые сухие бревна и всякие деревья. Там обшивали досками челн; там, переворотивши его вверх дном, конопатили и смолили; там привязывали к бокам других челнов, по казацкому обычаю, связки длинных камышей, чтобы не затопило челнов морскою волною; там, дальше по всему прибрежью, разложили костры и кипятили в медных казанах смолу на заливанье судов. Бывалые и старые поучали молодых. Стук и рабочий крик подымался по всей окружности; весь колебался и двигался живой берег.

В это время большой паром начал причаливать к берегу. Стоявшая на нем толпа людей еще издали махала руками. Это были казаки в оборванных свитках. Беспорядочный наряд (у многих ничего не было, кроме рубашки и коротенькой трубки в зубах) показывал, что они или избегнули какой-нибудь беды, или же до того загулялись, что прогуляли все, что ни было на теле. Из среды их отделился и стал впереди приземистый, плечистый казак лет пятидесяти. Он кричал и махал рукою сильнее всех; но за стуком и криком рабочих не было слышно его слов.

— А с чем приехали? — спросил кошевой, когда паром приворотил к берегу.

Все рабочие, остановив свои работы и подняв топоры и долота, смотрели в ожидании.

— С бедою! — кричал с парома приземистый казак.

— С какою?

— Позвольте, панове запорожцы, речь держать!

— Говори!

— Или хотите, может быть, собрать раду?

— Говори, мы все тут.

Народ весь стеснился в одну кучу.

— А вы разве ничего не слыхали о том, что делается в гетманщине?

— А что? — спросил один из куренных атаманов.

— Э! что? Видно, вам татарин заткнул клейтухом[13] уши, что вы ничего не слыхали.

— Говори же, что там делается?

— А то делается, что и родились и крестились, еще не видали такого.

— Да говори нам, что делается, собачий сын! — закричал один из толпы, как видно, потеряв терпение.

— Такая пора теперь завелась, что уж церкви святые теперь не наши.

— Как не наши?

— Теперь у жидов они на аренде. Если жиду вперед не заплатишь, то и обедни нельзя править.

— Что ты толкуешь?

— И если рассобачий жид не положит значка нечистою своею рукою на святой пасхе, то и святить пасхи нельзя.

— Врет он, паны-браты, не может быть того, чтобы нечистый жид клал значок на святой пасхе.

— Слушайте! еще не то расскажу: и ксендзы ездят теперь по всей Украине в таратайках. Да не то беда, что в таратайках, а то беда, что запрягают уже не коней, а православных христиан. Слушайте! еще не то расскажу: уже, говорят, жидовки шьют себе юбки из поповских риз. Вот какие дела водятся на Украине, панове! А вы тут сидите на Запорожье да гуляете, да, видно, татарин такого задал вам страху, что у вас уже ни глаз, ни ушей, ничего нет, и вы не слышите, что делается на свете.

— Стой, стой! — прервал кошевой, дотоле стоявший, потупив глаза в землю, как и все запорожцы, которые в важных делах никогда не отдавались первому порыву, но молчали и между тем в тишине совокупляли грозную силу негодования. — Стой! и я скажу слово: а что ж вы, так бы и этак поколотил черт вашего батьку, что ж вы делали сами?

_____

13 . клейтух - пыж.

разве у вас сабель не было, что ли? Как же вы попустили такому беззаконию?

— Э, как попустили такому беззаконию? а попробовали бы вы, когда пятьдесят тысяч было одних ляхов, да и, нечего греха таить, были тоже собаки и между нашими — уж приняли их веру.

— А гетман ваш, а полковники что делали?

— Наделали полковники таких дел, что не приведи Бог никому.

— Как?

— А так, что уж теперь гетман, зажаренный в медном быке, лежит в Варшаве, а полковничьи руки и головы развозят по ярмаркам напоказ всему народу. Вот что наделали полковники!

Всколебалась вся толпа. Сначала пронеслось по всему берегу молчание, подобное тому, как бывает перед свирепою бурею, а потом вдруг поднялись речи, и весь заговорил берег:

— Как! чтобы жиды держали на аренде христианские церкви! чтобы ксендзы запрягали в оглобли православных христиан! Как! чтобы попустить такие мучения на русской земле от проклятых недоверков! чтобы вот так поступали с полковниками и гетманом! Да не будет же сего, не будет!

Такие слова перелетали по всем концам. Зашумели запорожцы и почуяли свои силы. Тут уже не было волнений легкомысленного народа: волновались всё характеры тяжелые и крепкие, которые не скоро накалялись, но, накалившись, упорно и долго хранили в себе внутренний жар.

— Перевешать всю жидову! — раздалось из толпы, — пусть же не шьют из поповских риз юбок своим жидовкам! пусть же не ставят значков на святых пасхах! Перетопить их всех, поганцев, в Днепре!

Слова эти, произнесенные кем-то из толпы, пролетели молнией по всем головам, и толпа ринулась на предместье с желанием перерезать всех жидов.

39

Бедные сыны Израиля, растерявши все присутствие своего и без того мелкого духа, прятались в пустых горелочных бочках, в печках и даже запалзывали под юбки своих жидовок; но казаки везде их находили.

— Ясновельможные паны! — кричал один, высокий и длинный как палка, жид, высунувши из кучи своих товарищей жалкую свою рожу, исковерканную страхом, — ясновельможные паны! слово только дайте нам сказать, одно слово; мы такое объявим вам, что еще никогда не слышали, такое важное, что не можно сказать, какое важное!

— Ну, пусть скажут! — сказал Бульба, который всегда любил выслушать обвиняемого.

— Ясные паны! — произнес жид, — таких панов еще никогда не видывано, ей-Богу, никогда! таких добрых, хороших и храбрых не было еще на свете! — Голос его замирал и дрожал от страха. — Как можно, чтобы мы думали про запорожцев что-нибудь нехорошее! Те совсем не наши, те, что арендаторствуют на Украине! ей-Богу, не наши! то совсем не жиды, то черт знает что; то такое, что только поплевать на него, да и бросить! Вот и они скажут то же. Не правда ли, Шлема, или ты, Шмуль?

— Ей-Богу, правда! — отвечали из толпы Шлема и Шмуль в изодранных ермолках, оба бледные, как глина.

— Мы никогда еще, — продолжал длинный жид, — не снюхивались с неприятелями, а католиков мы и знать не хотим: пусть им черт приснится! мы с запорожцами как братья родные...

— Как? чтобы запорожцы были с вами братья? — произнес один из толпы. — Не дождетесь, проклятые жиды! В Днепр их, панове, всех потопить, поганцев!

Эти слова были сигналом. Жидов расхватали по рукам и начали швырять в волны. Жалобный крик раздался со всех сторон; но суровые запорожцы только смеялись, видя, как жидовские ноги в башмаках и чулках болтались на воздухе.

Бедный оратор, накликавший сам на свою шею беду, выскочил из кафтана, за который было его ухватили, в одном пегом, узком камзоле, схватил за ноги Бульбу и жалким голосом молил:

— Великий господин, ясновельможный пан! я знал и брата вашего, покойного Дороша! был воин на украшенье всему рыцарству. Я ему восемьсот цехинов дал, когда нужно было выкупиться из плена у турка.

— Ты знал брата? — спросил Тарас.

— Ей-Богу, знал! великодушный был пан.

— А как тебя зовут?

— Янкель.

— Хорошо, — сказал Тарас и потом, подумав, обратился к казакам и говорил так: — Повесить жида будет всегда время, когда будет нужно, а на сегодня отдайте его мне. — Сказавши это, Тарас повел его к своему обозу, возле которого стояли казаки его. — Ну, полезай под телегу, лежи там и не шевелись; а вы, братцы, не выпускайте жида.

Сказавши это, он отправился на площадь, потому что давно уже собиралась туда вся толпа. Все бросили вмиг берег и снарядку челнов, ибо предстоял теперь сухопутный, а не морской поход, и не суда да казацкие чайки[14], а понадобились телеги и кони. Теперь уже все хотели в поход, и старые и молодые, все, с совета старшин, куренных, кошевого и с воли всего запорожского войска, положили идти прямо на Польшу, отмстить все зло и посрамленье веры и казацкой славы, набрать добычи с городов, зажечь пожар по деревням и хлебам, пустить далеко по степи о себе славу. Все тут же опоясывалось и вооружалось. Кошевой вырос на целый аршин. Это уже не был тот робкий исполнитель ветреных желаний вольного народа: это был неограниченный повелитель, это был деспот, умевший только повелевать. Все

_____

14 . чайки - длинные узкие речные суда запорожцев.

своевольные и гульливые рыцари стройно стояли в рядах, почтительно опустив головы, не смея поднять глаз, когда кошевой раздавал повеления: раздавал он их тихо, не вскрикивая, не торопясь, но с расстановкою, как старый, глубоко опытный в деле казак, приводивший не в первый раз в исполненье разумно задуманные предприятия.

— Осмотритесь, все осмотритесь хорошенько, — так говорил он. — Исправьте возы и мазницы [15], испробуйте оружье. Не забирайте много с собой одежды: по сорочке и по двое шаровар на казака да по горшку саламаты и толченого проса — больше чтоб и не было ни у кого! Про запас будет в возах все, что нужно. По паре коней чтоб было у каждого казака! Да пар двести взять волов, потому что на переправах и топких местах нужны будут волы. Да порядку держитесь, панове, больше всего. Я знаю, есть между вас такие, что, чуть Бог пошлет какую корысть, — пошли тот же час драть китайку и дорогие оксамиты[16] себе на онучи. Бросьте такую чертову повадку, прочь кидайте всякие юбки, берите одно только оружье, коли попадется доброе, да червонцы или серебро, потому что они емкого свойства и пригодятся во всяком случае. Да вот вам, панове, вперед говорю: если кто в походе напьется, то никакого нет на него суда: как собаку, за шеяку повелю его присмыкнуть до обозу, кто бы он ни был, хоть бы наидоблестнейший казак из всего войска; как собака, будет он застрелен на месте и кинут без всякого погребенья на поклев птицам, потому что пьяница в походе недостоин христианского погребенья. Молодые, слушайте во всем старых! Если цапнет пуля или царапнет саблей по голове или по чему-нибудь иному, не давайте большого уваженья такому делу: размешайте заряд пороху в чарке сивухи, духом выпейте, и все пройдет — не будет и лихорадки; а на рану,

---

15. мазницы - ведра для дегтя.

16. оксамит - бархат.

если она не слишком велика, приложите просто земли, замесивши ее прежде слюною на ладони, то и присохнет рана. Нуте же, за дело, за дело, хлопцы, да не торопясь, хорошенько принимайтесь за дело!

Так говорил кошевой, и, как только окончил он речь свою, все казаки принялись тот же час за дело. Вся Сечь отрезвилась, и нигде нельзя было сыскать ни одного пьяного, как будто бы их не было никогда между казаками. Те исправляли ободья колес и переменяли оси в телегах; те сносили на возы мешки с провиантом, на другие валили оружье; те пригоняли коней и волов. Со всех сторон раздавались топот коней, пробная стрельба из ружей, бряканье сабель, мычанье быков, скрып поворачиваемых возов, говор и яркий крик и понуканье — и скоро далеко-далеко вытянулся казачий табор по всему полю. И много досталось бы бежать тому, кто бы захотел пробежать от головы и до хвоста его. В деревянной небольшой церкви служил священник молебен, окропил всех святою водою; все целовали крест. Когда тронулся табор и потянулся из Сечи, все запорожцы обратили головы назад:

— Прощай, наша мать! — сказали они почти в одно слово, — пусть же тебя хранит Бог от всякого несчастья!

Проезжая предместье, Тарас Бульба увидел, что жидок его, Янкель, уже разбил какую-то ятку с навесом и продавал кремни, завертки, порох и всякие войсковые снадобья, нужные на дорогу, даже калачи и хлебы. «Каков чертов жид!» — подумал про себя Тарас и, подъехав к нему на коне, сказал:

— Дурень, что ты здесь сидишь? разве хочешь, чтобы тебя застрелили, как воробья?

Янкель в ответ на это подошел к нему поближе и, сделав знак обеими руками, как будто хотел объявить что-то таинственное, сказал:

— Пусть пан только молчит и никому не говорит, между казацкими возами есть один мой воз; я везу всякий нужный запас для казаков и по дороге буду доставлять всякий провиант по такой дешевой цене, по какой еще ни один жид не продавал; ей-Богу, так, ей-Богу, так.

Пожал плечами Тарас Бульба, подивившись жидовской натуре, и отъехал к табору.

V

Скоро весь польский юго-запад сделался добычею страха. Всюду пронеслись слухи: «Запорожцы! показались запорожцы!» Все, что могло спасаться, спасалось, все подымалось и разбегалось по обычаю этого нестройного, беспечного века, когда не воздвигали ни крепостей, ни замков, а как попало становил на время соломенное жилище свое человек. Он думал: «Не тратить же на избу работу и деньги, когда и без того будет она снесена татарским набегом!» Все всполошилось: кто менял волов и плуг на коня и ружье и отправлялся в полки; кто прятался, угоняя скот и унося, что только можно было унесть. Попадались иногда по дороге и такие, которые вооруженною рукою встречали гостей; но больше было таких, которые бежали заранее. Все знали, что трудно иметь дело с буйной и бранной толпой, известной под именем запорожского войска, которое в наружном своевольном неустройстве своем заключало устройство обдуманное для времени битвы. Конные ехали, не отягчая и не горяча коней, пешие шли трезво за возами, и весь табор подвигался только по ночам, отдыхая днем и выбирая для того пустыри, незаселенные места и леса, которых было тогда еще вдоволь. Засылаемы были вперед лазутчики и рассыльные узнавать и выведывать: где, что и как. И часто в тех местах, где менее всего могли ожидать их, они появлялись вдруг, — и все тогда прощалось с жизнью: пожары обхватывали деревни; скот и лошади, которые не угонялись за войском, были избиваемы тут же на месте. Казалось, больше пировали они, чем совершали поход свой. Дыбом стал бы ныне волос от тех страшных знаков свирепства полудикого века, которые пронесли везде запорожцы. Избитые младенцы, обрезанные груди у женщин, содранная кожа с ног по колена у выпущенных на свободу, — словом, крупною монетою отплачивали казаки прежние долги. Прелат одного монастыря, услышав о приближении их, прислал от себя двух монахов, чтобы сказать, что они не так ведут себя, как следует, что между запорожцами и правительством стоит согласие, что они нарушают свою обязанность к королю, а с тем вместе и всякое народное право.

— Скажи епископу от меня и от всех запорожцев, — сказал кошевой, — чтобы он ничего не боялся: это казаки еще только зажигают и раскуривают свои трубки.

И скоро величественное аббатство обхватилось сокрушительным пламенем, и колоссальные готические окна его сурово глядели сквозь разделявшиеся волны огня. Бегущие толпы монахов, жидов, женщин вдруг омноголюдили те города, где какая-нибудь была надежда на гарнизон и городовое рушение[17]. Высылаемая по временам правительством запоздалая помощь, состоявшая из небольших полков, или не могла найти их, или же робела, обращала тыл при первой встрече и улетала на лихих конях своих. Случалось, что многие военачальники королевские, торжествовавшие дотоле в прежних битвах, решались, соединя свои силы, стать грудью против запорожцев. И тут-то более всего пробовали себя наши молодые казаки, чуждавшиеся грабительства, корысти и бессильного неприятеля, горевшие желанием показать себя перед старыми, помериться один на один с бойким и хвастливым

---

17. городовое рушение - городское ополчение.

ляхом, красовавшимся на горделивом коне, с летавшими по ветру откидными рукавами епанчи. Потешна была наука; много уже они добыли себе конной сбруи, дорогих сабель и ружей. В один месяц возмужали и совершенно переродились только что оперившиеся птенцы и стали мужами; черты лица их, в которых доселе видна была какая-то юношеская мягкость, стали теперь грозны и сильны. А старому Тарасу любо было видеть, как оба сына его были одни из первых. Остапу, казалось, был на роду написан битвенный путь и трудное знанье вершить ратные дела. Ни разу не растерявшись и не смутившись ни от какого случая, с хладнокровием, почти неестественным для двадцатидвухлетнего, он в один миг мог вымерять всю опасность и все положение дела, тут же мог найти средство, как уклониться от нее, но уклониться с тем, чтобы потом верней преодолеть ее. Уже испытанной уверенностью стали теперь означаться его движения, и в них не могли не быть заметны наклонности будущего вождя. Крепостью дышало его тело, и рыцарские его качества уже приобрели широкую силу льва.

— О, да этот будет со временем добрый полковник! — говорил старый Тарас, — ей-ей, будет добрый полковник, да еще такой, что и батьку за пояс заткнет!

Андрий весь погрузился в очаровательную музыку пуль и мечей. Он не знал, что такое значит обдумывать, или рассчитывать, или измерять заране свои и чужие силы. Бешеную негу и упоенье он видел в битве: что-то пиршественное зрелось ему в те минуты, когда разгорится у человека голова, в глазах все мелькает и мешается, летят головы, с громом падают на землю кони, а он несется, как пьяный, в свисте пуль, в сабельном блеске, и наносит всем удары, и не слышит нанесенных. Не раз дивился отец также и Андрию, видя, как он, понуждаемый одним только запальчивым увлечением, устремлялся на то, на что бы никогда не отважился хладнокровный и разумный, и одним бешеным натиском своим производил такие чудеса, которым не могли не изумиться старые в боях. Дивился старый Тарас и говорил:

— И это добрый (враг бы не взял его) вояка! не Остап, а добрый, добрый также вояка!

Войско решилось идти прямо на город Дубно, где, носились слухи, было много казны и богатых обывателей. В полтора дня поход был сделан, и запорожцы показались перед городом. Жители решились защищаться до последних сил и крайности и лучше хотели умереть на площадях и улицах перед своими порогами, чем пустить неприятеля в домы. Высокий земляной вал окружал город; где вал был ниже, там высовывалась каменная стена или дом, служивший батареей, или, наконец, дубовый частокол. Гарнизон был силен и чувствовал важность своего дела. Запорожцы жарко полезли было на вал, но были встречены сильною картечью. Мещане и городские обыватели, как видно, тоже не хотели быть праздными и стояли кучею на городском валу. В глазах их можно было читать отчаянное сопротивление; женщины тоже решились участвовать, и на головы запорожцам полетели камни, бочки, горшки, вар и, наконец, мешки песку, слепившего им очи. Запорожцы не любили иметь дело с крепостями; вести осады была не их часть. Кошевой повелел отступить и сказал:

— Ничего, паны-братья, мы отступим, — но будь я поганый татарин, а не христианин, если мы выпустим их хоть одного из города! пусть их, собаки, все передохнут с голоду!

Войско, отступив, облегло весь город и от нечего делать занялось опустошеньем окрестностей, выжигая окружные деревни, скирды неубранного хлеба и напуская табуны коней на нивы, еще не тронутые серпом, где, как нарочно, колебались тучные колосья, плод необыкновенного урожая, наградившего в ту пору щедро всех земледельцев. С ужасом видели из города, как истреблялись средства их существования. А между тем запорожцы, протянув вокруг всего города в два ряда свои телеги, расположились так же, как и на Сечи, куренями, курили свои люльки, менялись добытым оружием, играли в чехарду, в чет и нечет и посматривали с убийственным хладнокровием на город. Ночью зажигались костры; кашевары варили в каждом курене кашу в огромных медных казанах; у горевших всю ночь огней стояла бессонная стража. Но скоро запорожцы начали понемногу скучать бездействием и продолжительною трезвостью, не сопряженною ни с каким делом. Кошевой велел удвоить даже порцию вина, что иногда водилось в войске, если не было трудных подвигов и движений. Молодым, и особенно сынам Тараса Бульбы, не нравилась такая жизнь. Андрий заметно скучал.

— Неразумная голова, — говорил ему Тарас, — терпи, казак, атаман будешь! Не тот еще добрый воин, кто не потерял духа в важном деле, а тот добрый воин, кто и на безделье не соскучит, все вытерпит, и хоть ты ему что хошь, — а он все-таки поставит на своем.

Но не сойтись пылкому юноше с старцем: другая натура у обоих, и другими очами глядят они на то же дело.

А между тем подоспел Тарасов полк, приведенный Товкачем; с ним было еще два есаула, писарь и другие полковые чины; всех казаков набралось больше четырех тысяч. Было между ними немало и охочекомонных, которые сами поднялись, своею волею, без всякого призыва, как только услышали, в чем дело. Есаулы привезли сыновьям Тараса благословенье от старухи матери и каждому по кипарисному образу из Межигорского киевского монастыря. Надели на себя святые образа оба брата и невольно задумались, припомнив старую мать. Что-то пророчит им и говорит это благословенье? Благословенье ли на победу над врагом и потом веселый возврат в отчизну с добычей и славой, на вечные песни бандуристам, или же?.. Но неизвестно будущее, и стоит оно пред человеком подобно осеннему туману, поднявшемуся из болот: безумно летают в нем вверх и вниз, черкая крыльями, птицы, не распознавая в очи друг друга, голубка — не видя ястреба, ястреб — не видя голубки, и никто не знает, как далеко летает от своей погибели...

Остап уже занялся своим делом и давно отошел к куреням; Андрий же, сам не зная отчего, чувствовал какую-то духоту на сердце. Уже казаки окончили свою вечерю; вечер давно потухнул, июльская чудная ночь обняла воздух; но он не отходил к куреням, не ложился спать и глядел невольно на всю бывшую перед ним картину. На небе бесчисленно мелькали тонким и острым блеском звезды. Поле далеко было занято раскиданными по нем возами с висячими мазницами, облитыми дегтем, со всяким добром и провиантом, набранным у врага. Возле телег, под телегами и подальше от телег, везде были видны разметавшиеся на траве запорожцы — все они спали в картинных положениях: кто подмостив себе под голову куль, кто шапку, кто употребивши просто бок своего товарища. Сабля, ружье-самопал, короткочубучная трубка с медными бляхами, железными провертками и огнивом были неотлучно при каждом казаке. Тяжелые волы лежали, подвернувши под себя ноги, большими беловатыми массами и казались издали серыми камнями, раскиданными по отлогостям поля. Со всех сторон из травы уже стал подниматься густой храп спящего воинства, на который отзывались с поля звонкими ржаниями жеребцы, негодующие на свои спутанные ноги. А между тем что-то величественное и грозное примешалось к красоте июльской ночи. Это было зарево вдали догоравших окрестностей. В одном месте пламя спокойно и величественно стлалось по небу, в другом, встретив что-то горючее и вдруг вырвавшись вихрем, оно свистело и летело вверх, под самые звезды, и оторванные

49

охлопья его гаснули под самыми дальними небесами; там обгорелый черный монастырь, как суровый картезианский монах, стоял грозно, выказывая при каждом отблеске мрачное свое величие; там горел монастырский сад; казалось, слышно было, как деревья шипели, обвиваясь дымом и когда выскакивал огонь, он вдруг освещал фосфорическим, лилово-огненным светом спелые грозды слив или обращал в червонное золото там и там желтевшие груши, и тут же среди их чернело висевшее на стене здания или на древесном суку тело бедного жида или монаха, погибавшее вместе с строением в огне. Над огнем вились вдали птицы, казавшиеся кучею темных мелких крестиков на огненном поле. Обложенный город, казалось, уснул; шпицы, и кровли, и частокол, и стены его тихо вспыхивали отблесками отдаленных пожаров. Андрий обошел казацкие ряды. Костры, у которых сидели сторожа, готовились ежеминутно погаснуть, и самые сторожа спали, перекусивши саламаты и галушек во весь казацкий аппетит. Он подивился такой беспечности, подумавши: «Хорошо, что нет близко никакого сильного неприятеля и некого опасаться». Наконец и сам подошел он к одному из возов, взлез на него и лег на спину, подложивши себе под голову сложенные назад руки; но не мог заснуть и долго глядел на небо: оно все было открыто перед ним; чисто и прозрачно было в воздухе; густота звезд, составлявшая Млечный Путь и поясом переходившая по небу, вся была залита светом. Временами Андрий как будто позабывался, и какой-то легкий туман дремоты заслонял на миг перед ним небо, и потом оно опять очищалось и вновь становилось видно.

В это время, показалось ему, мелькнул перед ним какой-то странный образ человеческого лица. Думая, что это было простое обаяние сна, которое сей же час рассеется, он открыл больше глаза свои и увидел, что к нему, точно, наклонилось какое-то измможденное, высохшее лицо и смотрело прямо ему в очи. Длинные и черные, как уголь, волосы, неприбранные, растрепанные, лезли из-под темного, наброшенного на голову покрывала; и странный блеск взгляда, и мертвенная смуглота лица, выступавшего резкими чертами, заставляли скорее думать, что это был призрак. Он схватился невольно рукой за пищаль и произнес почти судорожно:

— Кто ты? коли дух нечистый, сгинь с глаз; коли живой человек, не в пору завел шутку, — убью с одного прицела!

В ответ на это привидение приложило палец к губам и, казалось, молило о молчании. Он опустил руку и стал вглядываться внимательней. По длинным волосам, шее и полуобнаженной смуглой груди узнал он женщину. Но она была не здешняя уроженка: все лицо ее было смугло, изнурено недугом; широкие скулы выступали сильно над опавшими под ними щеками; узкие очи подымались дугообразным разрезом кверху. Чем более он всматривался в черты ее, тем более находил в них что-то знакомое. Наконец он не вытерпел и спросил:

— Скажи, кто ты? Мне кажется, как будто я знал тебя или видел где-нибудь?

— Два года назад тому, в Киеве.

— Два года назад, в Киеве! — повторил Андрий, стараясь перебрать все, что уцелело в его памяти от прежней бурсацкой жизни. Он посмотрел еще раз на нее пристально и вдруг вскрикнул во весь голос:

— Ты — татарка! служанка панночки, воеводиной дочки!..

— Чшш! — произнесла татарка, сложив с умоляющим видом руки, дрожа всем телом и оборотя в то же время голову назад, чтобы видеть, не проснулся ли кто-нибудь от такого сильного вскрика, произведенного Андрием.

— Скажи, скажи, отчего, как ты здесь? — говорил Андрий, почти задыхаясь, шепотом, прерывавшимся всякую минуту от внутреннего волнения, — где панночка, жива ли еще она?

— Она теперь в городе.

— В городе? — произнес он, опять едва не вскрикнувши, и почувствовал, что вся кровь вдруг прихлынула к сердцу, — отчего ж она в городе?

— Оттого, что сам старый пан в городе: он уже полтора года как сидит воеводой в Дубне.

— Что ж она, замужем? Да говори же, какая ты странная, что она теперь?..

— Она другой день ничего не ела.

— Как?

— Ни у кого из городских жителей нет уже давно куска хлеба, все давно едят одну землю.

Андрий остолбенел.

— Панночка видела тебя с городского валу вместе с запорожцами. Она сказала мне: «Ступай, скажи рыцарю: если он помнит меня, чтобы пришел ко мне; а не помнит, чтобы дал тебе кусок хлеба для старухи, моей матери, потому что я не хочу видеть, как при мне умрет мать. Пусть лучше я прежде, а она после меня; проси и хватай его за колена и ноги: у него также есть старая мать, чтоб ради ее дал хлеба!»

Много всяких чувств пробудилось и вспыхнуло в молодой груди казака.

— Но как же ты здесь? как ты пришла?

— Подземным ходом.

— Разве есть подземный ход?

— Есть.

— Где?

— Ты не выдашь, рыцарь?

— Клянусь Крестом Святым!

— Спустясь в яр и перейдя проток, так, где тростник.

— И выходит в самый город?

— Прямо к городскому монастырю.

— Пойдем, пойдем сейчас!

— Но, ради Христа и Святой Марии, кусок хлеба!

— Хорошо, будет. Стой здесь, возле воза, или, лучше, ложись на него: тебя никто не увидит, все спят; я сейчас ворочусь.

И он отошел к возам, где хранились запасы, принадлежавшие их куреню. Сердце его билось. Все минувшее, все, что было заглушено нынешними казацкими биваками, суровой бранною жизнью, — все всплыло разом на поверхность, потопивши, в свою очередь, настоящее. Опять вынырнула перед ним, как бы из темной морской пучины, гордая женщина; вновь сверкнули в его памяти прекрасные руки, очи, смеющиеся уста, густые темно-ореховые волосы, курчаво распавшиеся по грудям, и все упругие, в согласном сочетанье созданные члены девического стана. Нет, они не погасали, не исчезали из груди его, они посторонились только, чтобы дать на время простор другим могучим движеньям; но часто, часто смущался ими глубокий сон молодого казака, и часто, проснувшись, лежал он без сна на одре, не умея истолковать тому причины.

Он шел, а биение сердца становилось сильнее при одной мысли, что увидит ее опять, и дрожали молодые его колена. Пришедши к возам, он совершенно позабыл, зачем пришел: поднес руку ко лбу и долго тер его, стараясь припомнить, что ему нужно делать. Наконец вздрогнул и весь исполнился испуга: ему вдруг пришло на мысль, что она умирает с голода. Он бросился к возу и схватил несколько больших черных хлебов под руку; но тут же подумал: не будет ли эта пища, годная для дюжего, неприхотливого запорожца, груба и неприлична ее нежному сложению? Тут вспомнил он, что вчера кошевой попрекал кашеваров за то, что сварили в один раз всю гречневую муку на саламату, тогда как бы ее стало на добрых три раза. В полной уверенности, что он найдет вдоволь саламаты в казанах, он вытащил отцовский походный казанок и с ним отправился к кашевару их куреня, спавшему у двух десятиведерных казанов, под которыми еще тлелась зола. Заглянувши в них, он изумился, увидя, что оба пусты. Нужно было нечеловеческих сил, чтобы все это съесть, тем более, что в их курене считалось меньше людей, чем в других. Он заглянул в казаны других куреней — нигде ничего. Поневоле пришла ему в голову поговорка: «Запорожцы как дети: коли мало — съедят, коли много — тоже ничего не оставят». Что делать? Был, однако же, где-то, кажется на возу отцовского полка, мешок с белым хлебом, который нашли, ограбивши монастырскую пекарню. Он прямо подошел к отцовскому возу, но на возу его не было: Остап взял его себе под головы и, растянувшись на земле, храпел на все поле. Андрий схватил мешок одной рукой и дернул его вдруг так, что голова Остапа упала на землю, а он сам вскочил впросонках и, сидя с закрытыми глазами, закричал что было мочи:

— Держите, держите чертова ляха! да ловите коня, коня ловите!

— Замолчи, я тебя убью! — закричал в испуге Андрий, замахнувшись на него мешком. Но Остап и без того уже не продолжал речи, присмирел и пустил такой храп, что от дыхания шевелилась трава, на которой он лежал. Андрий робко оглянулся на все стороны, чтобы узнать, не пробудил ли кого-нибудь из казаков сонный бред Остапа. Одна чубатая голова, точно, приподнялась в ближнем курене и, поведя очами, скоро опустилась опять на землю. Переждав минуты две, он наконец отправился с своею ношею; татарка лежала, едва дыша.

— Вставай, идем! все спят, не бойся! Подымешь ли ты хоть один из этих хлебов, если мне будет несподручно захватить все?

Сказав это, он взвалил себе на спину мешки, стащил, проходя мимо одного воза, еще один мешок с просом, взял даже в руки те хлебы, которые хотел было отдать нести татарке, и, несколько понагнувшись под тяжестью, шел отважно между рядами спавших запорожцев.

— Андрий? — сказал старый Бульба в то время, когда он проходил мимо его.

Сердце его замерло; он остановился и, весь дрожа, тихо произнес:

— А что?

— С тобою баба! ей, отдеру тебя, вставши, на все бока! Не доведут тебя бабы до добра! — Сказавши это, он оперся головою на локоть и стал пристально рассматривать закутанную в покрывало татарку.

Андрий стоял ни жив ни мертв, не имея духу взглянуть в лицо отцу. И потом, когда поднял глаза и посмотрел на него, увидел, что старый Бульба уже спал, положив голову на ладонь.

Он перекрестился. Вдруг отхлынул от сердца испуг еще скорее, чем прихлынул. Когда же поворотился он, чтобы взглянуть на татарку, она стояла перед ним, подобно темной гранитной статуе, вся закутанная в покрывало, и отблеск отдаленного зарева, вспыхнув, озарил только одни ее очи, помутившиеся, как у мертвеца. Он дернул ее за рукав, и оба пошли вместе, беспрестанно оглядываясь назад, и наконец опустились отлогостью в низменную лощину — почти яр, называемый в некоторых местах балками, — по дну которой лениво пресмыкался проток, поросший осокою и усеянный кочками. Опустясь в эту лощину, они скрылись совершенно из виду всего поля, занятого запорожским табором. По крайней мере когда Андрий оглянулся, то увидел, что позади его крутою стеной, более чем в рост человека, вознеслась покатость; на вершине ее покачивалось несколько стебельков полевого былья, и над ними поднималась в небе луна в виде косвенно обращенного серпа из яркого червонного золота. Сорвавшийся со степи ветерок давал знать, что уже немного оставалось времени до рассвета. Но нигде не слышно было отдаленного петушьего крика: ни в городе, ни в разоренных окрестностях не оставалось давно ни одного петуха. По небольшому бревну перебрались они через проток, за которым возносился противоположный берег, казавшийся выше бывшего у них назади и выступавший совершенным обрывом. Казалось, в этом месте был крепкий и надежный сам собою пункт городской крепости; по крайней мере земляной вал был тут ниже и не выглядывал из-за него гарнизон. Но зато подальше подымалась толстая монастырская стена. Обрывистый берег весь оброс бурьяном, и по небольшой лощине между им и протоком рос высокий тростник, почти в вышину человека. На вершине обрыва видны были остатки плетня, обличавшие когда-то бывший огород; перед ним широкие листы лопуха, из-за которого торчала лебеда, дикий колючий бодяк и подсолнечник, подымавший выше всех свою голову. Здесь татарка скинула с себя черевики и пошла босиком, подобрав осторожно свое платье, потому что место было топко и наполнено водою. Пробираясь меж тростником, остановились они перед наваленным хворостом и фашинником. Отклонив хворост, нашли они род земляного свода — отверстие, мало чем большее отверстия в хлебной печи. Татарка, наклонив голову, вошла первая; вслед за нею Андрий, нагнувшись сколько можно ниже, чтобы можно было пробраться с своими мешками, и скоро очутились оба в совершенной темноте.

VI

Андрий едва двигался в темном и узком земляном коридоре, следуя за татаркою и таща на себе мешки хлеба.

— Скоро нам будет светло, — сказала проводница, — мы подходим к месту, где поставила я светильник.

И точно, темные земляные стены начали понемногу озаряться. Они достигли небольшой площадки, где, казалось, была часовня, по крайней мере к стене был приставлен узенький столик в виде алтарного престола, и над ним виден был почти совершенно изгладившийся, полинявший образ католической Мадонны. Небольшая серебряная лампадка, перед ним висевшая, чуть-чуть озаряла его. Татарка наклонилась и подняла с земли оставленный медный светильник на тонкой высокой ножке, с висевшими вокруг ее на цепочках щипцами, шпилькой для поправления огня и гасильником. Взявши его, она зажгла огнем от лампады. Свет усилился, и они, идя вместе, то освещаясь сильно огнем, то набрасываясь темною, как уголь, тенью, напоминали собою картины Герардо della notte[18]. Свежее, кипящее здоровьем и юностию, прекрасное лицо рыцаря представляло сильную противоположность с изнуренным и бледным лицом его спутницы. Проход стал несколько шире, так что Андрию можно было пораспрямиться. Он с любопытством рассматривал эти земляные стены. Так же как и в пещерах Киевских, тут видны были углубления в стенах и стояли кое-где гробы; местами даже попадались просто человеческие кости, от сырости сделавшиеся мягкими и рассыпавшиеся в муку. Видно, и здесь также были святые люди и укрывались также от мирских бурь, горя и обольщений. Сырость местами была очень сильна; под ногами их иногда была совершенная вода. Андрий должен был часто останавливаться, чтобы дать отдохнуть своей спутнице, которой усталость возобновлялась беспрестанно. Небольшой кусок хлеба, проглоченный ею, произвел только боль в желудке, отвыкшем от пищи, и она оставалась часто без движения по нескольку минут на одном

---

18 . della notte (итал.) - ночной, прозвище, данной итальянцами голландскому художнику Герриту (ван Герарду) Гонтгорсту (1590-1656), картины которого отличаются резким контрастом света и тени.

месте. Наконец перед ними показалась маленькая железная дверь.

— Ну, слава Богу, мы пришли, — сказала слабым голосом татарка, приподняла было руку, чтобы постучаться, и не имела сил.

Андрий ударил вместо ее сильно в дверь; раздался гул, показавший, что за дверью был большой простор. Гул этот изменялся, встретив, как казалось, высокие своды. Минуты через две загремели ключи, и кто-то, казалось, сходил по лестнице. Наконец дверь отперлась; их впустил монах, стоявший на узенькой лестнице, с ключом и свечой в руках. Андрий невольно остановился при виде католического монаха, возбуждавшего такое ненавистное презрение в казаках, поступавших с ними бесчеловечней, чем с жидами. Монах тоже несколько отступил назад, увидев запорожского казака; но слово, невнятно произнесенное татаркою, его успокоило. Он посветил им, запер за ними дверь, ввел их по лестнице вверх, и они очутились под высокими темными сводами монастырской церкви. У одного из алтарей, уставленного высокими подсвечниками и свечами, стоял на коленах священник и тихо молился. Около него с обеих сторон стояли также на коленах два молодые клирошанина[19] в лиловых мантиях, с белыми кружевными шемизетками[20] и с кадилами в руках. Он молился о ниспослании чуда: о спасении города, о подкреплении падающего духа, о ниспослании терпения, об удалении искусителя, нашептывающего ропот и малодушный, робкий плач на земные несчастия. Несколько женщин, похожих на привидения, стояло на коленах, опершись и совершенно положив изнеможенные головы на спинки стоявших перед

---

19 . клирошанин - церковнослужитель, поющий на клиросе, в церковном хоре.
20. шемизетка - накидка.

ними стульев и темных деревянных лавок; несколько мужчин, прислонясь у колонн, на которых возлегали боковые своды, печально стояли тоже на коленах. Окно с цветными стеклами, бывшее над алтарем, озарилось розовым румянцем утра, и упали от него на пол голубые, желтые и других цветов кружки света, осветившие внезапно темную церковь. Весь алтарь в своем далеком углублении показался вдруг в сиянии; кадильный дым остановился в воздухе радужно освещенным облаком. Андрий не без изумления глядел из своего темного угла на чудо, произведенное светом. В это время величественный стон органа наполнил вдруг всю церковь; он становился гуще и гуще, разрастался, перешел в тяжелые раскаты грома и потом вдруг, обратившись в небесную музыку, понесся высоко под сводами своими поющими звуками, напоминавшими тонкие девичьи голоса, и потом опять обратился он в густой рев и гром и затих. И долго еще громовые рокоты носились, дрожа, под сводами, и дивился Андрий с полуоткрытым ртом величественной музыке.

В это время, почувствовал он, что кто-то дернул его за полу кафтана. «Пора», — сказала татарка. Они перешли через церковь, не замеченные никем, и вышли потом на площадь, бывшую перед нею. Заря уже давно румянилась на небе; все возвещало восхождение солнца. Площадь, имевшая квадратную фигуру, была совершенно пуста; посредине ее оставались еще деревянные столики, показывавшие, что здесь был еще, может быть, только неделю назад рынок съестных припасов. Улица, которых тогда не мостили, была просто засохшая груда грязи. Площадь обступали кругом небольшие каменные и глиняные, в один этаж, домы с видными в стенах деревянными сваями и столбами во всю их высоту, косвенно перекрещенные деревянными же брусьями, как вообще строили домы тогдашние обыватели, что можно видеть и поныне еще в некоторых местах Литвы и Польши. Все они были покрыты непомерно высокими крышами со множеством слуховых окон и отдушин. На одной стороне, почти близ церкви, выше других возносилось совершенно отличное от прочих здание, вероятно, городовой магистрат или какое-нибудь правительственное место. Оно было в два этажа, и над ним вверху надстроен был в две арки бельведер, где стоял часовой; большой циферблат вделан был в крышу. Площадь казалась мертвою; но Андрию почудилось какое-то слабое стенание. Рассматривая, он заметил на другой ее стороне группу из двух-трех человек, лежавших почти без всякого движения на земле. Он вперил глаза внимательней, чтобы рассмотреть, заснувшие ли это были, или умершие, и в это время наткнулся на что-то, лежавшее у ног его. Это было мертвое тело женщины, по-видимому, жидовки. Казалось, она была еще молода, хотя в искаженных, изможденных чертах ее нельзя было того видеть. На голове ее был красный шелковый платок; жемчуги или бусы в два ряда украшали ее наушники; две-три длинные, все в завитках, кудри выпадали из-под них на ее высохшую шею с натянувшимися жилами. Возле нее лежал ребенок, судорожно схвативший рукою за тощую грудь ее и скрутивший ее своими пальцами от невольной злости, не нашед в ней молока. Он уже не плакал и не кричал, и только по тихо опускавшемуся и подымавшемуся животу его можно было думать, что он еще не умер или по крайней мере еще только готовился испустить последнее дыхание. Они поворотили в улицы и были остановлены вдруг каким-то беснующимся, который, увидев у Андрия драгоценную ношу, кинулся на него, как тигр, вцепился в него, крича: «Хлеба!» Но сил не было у него, равных бешенству; Андрий оттолкнул его: он полетел на землю. Движимый состраданием, он швырнул ему один хлеб, на который тот бросился, подобно бешеной собаке, изгрыз, искусал его и тут же, на улице, в страшных судорогах испустил дух от долгой отвычки принимать пищу. Почти на каждом шагу поражали их страшные жертвы голода. Казалось, как будто, не вынося мучений в домах, многие нарочно выбежали на улицу: не ниспошлется ли в воздухе чего-нибудь, питающего силы. У ворот одного дома сидела старуха, и нельзя сказать, заснула ли она, умерла, или просто позабылась; по крайней мере она уже не слышала и не видела ничего и, опустив голову на грудь, сидела недвижима на одном и том же месте. С крыши другого дома висело вниз на веревочной петле вытянувшееся и иссохшее тело. Бедняк не мог вынести до конца страданий голода и захотел лучше произвольным самоубийством ускорить конец свой.

При виде таких поражающих свидетельств голода Андрий не вытерпел не спросить татарку:

— Неужели они, однако ж, совсем не нашли, чем пробавить [21] жизнь? если человеку приходит последняя крайность, тогда, делать нечего, он должен питаться тем, чем дотоле брезгал: он может питаться теми тварями, которые запрещены законом, все может тогда пойти в снедь.

— Все переели, — сказала татарка, — всю скотину: ни коня, ни собаки, ни даже мыши не найдешь во всем городе. У нас в городе никогда не водилось никаких запасов: все привозилось из деревень.

— Но как же вы, умирая такою лютою смертью, все еще думаете оборонить город?

— Может быть, воевода и сдал бы, но вчера утром полковник, который в Бужанах, пустил в город ястреба с запиской, чтобы не отдавали города: что он идет на выручку с полком, да ожидает только другого полковника, чтоб идти обоим вместе. И теперь всякую минуту ждут их... но вот мы пришли к дому.

Андрий уже издали видел дом, непохожий на другие и, как казалось, строенный каким-нибудь архитектором итальянским: он был сложен из красивых тонких кирпичей в

---

21 . пробавить - поддержать.

два этажа. Окна нижнего этажа были заключены в высоко выдавшиеся гранитные карнизы; верхний этаж состоял весь из небольших арок, образовавших галерею; между ними были видны решетки с гербами; на углах дома тоже были гербы. Наружная широкая лестница из крашеных кирпичей выходила на самую площадь. Внизу лестницы сидело по одному часовому, которые картинно и симметрически держались одной рукой за стоявшие подле них алебарды, а другою подпирали наклоненные свои головы и, казалось, таким образом, более походили на изваяния, чем на живые существа. Они не спали и не дремали, но, казалось, были нечувствительны ко всему; они не обратили даже внимания на то, кто всходил по лестнице. На верху лестницы они нашли богато убранного, всего с ног до головы вооруженного воина, державшего в руке молитвенник. Он было возвел на них истомленные очи, но татарка сказала ему одно слово, и он опустил их вновь в открытые страницы своего молитвенника. Они вступили в первую комнату, довольно просторную, служившую приемною или просто переднею; она была наполнена вся сидевшими в разных положениях у стен солдатами, слугами, псарями, виночерпиями и прочей дворней, необходимою для показания сана польского вельможи. Слышен был чад погаснувшей свечи; две другие еще горели в двух огромных, почти в рост человека, подсвечниках, стоявших посредине, несмотря на то, что уже давно в решетчатое широкое окно глядело утро. Андрий уже было хотел идти прямо в широкую дубовую дверь, украшенную гербом и множеством резных украшений, но татарка дернула его за рукав и указала маленькую дверь в боковой стене. Этою вышли они в коридор и потом в комнату, которую он начал внимательно рассматривать. Свет, проходивший сквозь щель ставня, тронул кое-что: малиновый занавес, позолоченный карниз и живопись на стене. Здесь татарка указала Андрию остаться, отворила дверь в другую комнату, из которой блеснул свет огня. Он услышал шепот и тихий голос, от которого все потряслось у него. Он видел сквозь растворившуюся дверь, как мелькнула быстро стройная женская фигура с длинною роскошною косою, упадавшею на поднятую кверху руку. Татарка возвратилась и сказала, чтобы он вошел. Он не помнил, как вошел и как затворилась за ним дверь. В комнате горели две свечи, лампада теплилась перед образом; под ним стоял высокий столик, по обычаю католическому, со ступеньками для преклонения колен во время молитвы. Но не того искали глаза его. Он повернулся в другую сторону и увидел женщину, казалось, застывшую и окаменевшую в каком-то быстром движенье. Казалось, как будто вся фигура ее хотела броситься к нему и вдруг остановилась. И он остался также изумленным перед нею. Не такою воображал он ее видеть: это была не она, не та, которую он знал прежде; ничего не было в ней похожего на ту; но вдвое прекраснее и чудеснее была она теперь, чем прежде; тогда было в ней что-то неконченное, недовершенное; теперь это было произведение, которому художник дал последний удар кисти. То была прелестная, ветреная девушка; эта была красавица, женщина во всей развившейся красе своей. Полное чувство выражалось в ее поднятых глазах, не отрывки, не намеки на чувство, но все чувство. Еще слезы не успели в них высохнуть и облекли их блистающею влагою, проходившею в душу; грудь, шея и плечи заключились в те прекрасные границы, которые назначены вполне развившейся красоте; волосы, которые прежде разносились легкими кудрями по лицу ее, теперь обратились в густую роскошную косу, часть которой была подобрана, а часть разбросалась по всей длине руки и тонкими, длинными, прекрасно согнутыми волосами упадала на грудь: казалось, все до одной изменились черты ее. Напрасно силился он отыскать в них хоть одну из тех, которые носились в его памяти, — ни одной. Как ни велика была ее бледность, но она не помрачала чудесной красы ее, напротив, как будто придала ей что-то стремительное, неотразимо победоносное. И ощутил Андрий в своей душе благоговейную боязнь и стал неподвижен перед нею. Она, казалось, также была поражена видом казака, представшего во всей красе и силе юношеского мужества, который и в самой неподвижности своих членов уже обличал развязную вольность движений; ясною твердостью сверкал глаз его, смелою дугою выгнулась бархатная бровь, загорелые щеки блистали всею яркостью девственного огня, и, как шелк, лоснился молодой черный ус.

— Нет, я не в силах ничем возблагодарить тебя, великодушный рыцарь, — сказала она, и весь колебался серебряный звук ее голоса. — Один Бог может вознаградить тебя, не мне, слабой женщине...

Она потупила свои очи; прекрасными снежными полукружьями надвинулись на них веки, охраненные длинными, как стрелы, ресницами; наклонилося все чудесное лицо ее, и тонкий румянец оттенил его снизу. Не знал, что сказать на это Андрий; он хотел бы выговорить все, что ни есть на душе, выговорить его так же горячо, как оно было на душе, — и не мог. Почувствовал он что-то заградившее ему уста; звук отнялся у слова; почувствовал он, что не ему, воспитанному в бурсе и в бранной кочевой жизни, отвечать на такие речи, и вознегодовал на свою казацкую натуру.

В это время вошла в комнату татарка. Она уже успела нарезать ломтями принесенный рыцарем хлеб, несла его на золотом блюде и поставила перед своею панною. Красавица взглянула на нее, на хлеб и возвела очи на Андрия, — и много было в очах тех. Этот умиленный взор, выказавший изнеможенье и бессилье выразить обнявшие ее чувства, был более доступен Андрию, чем все речи. Его душе вдруг стало легко; казалось, все развязалось у него. Душевные движенья и чувства, которые дотоле как будто кто-то удерживал тяжкою уздою, теперь почувствовали себя освобожденными, на воле, и уже хотели излиться в неукротимые потоки слов, как вдруг красавица, обратясь к татарке, беспокойно спросила:

— А мать? ты отнесла ей?

— Она спит.

— А отцу?

— Отнесла; он сказал, что придет сам благодарить рыцаря.

Она взяла хлеб и поднесла его ко рту. С неизъяснимым наслаждением глядел Андрий, как она ломала его блистающими пальцами своими и ела; и вдруг вспомнил о бесновавшемся от голода, который испустил дух в глазах его, проглотивши кусок хлеба. Он побледнел и, схватив ее за руку, закричал:

— Довольно, не ешь больше! ты так долго не ела, тебе хлеб будет теперь ядовит.

И она опустила тут же свою руку; положила хлеб на блюдо и, как покорный ребенок, смотрела ему в очи. И пусть бы выразило чье-нибудь слово... но не властны выразить ни резец, ни кисть, ни высоко-могучее слово того, что видится иной раз во взорах девы, ниже того умиленного чувства, которым объемлется глядящий в такие взоры девы.

— Царица! — вскрикнул Андрий, полный и сердечных, и душевных, и всяких избытков, — что тебе нужно, чего ты хочешь? — прикажи мне! задай мне службу самую невозможную, какая только есть на свете, — я побегу исполнить ее! Скажи мне сделать то, чего не в силах сделать ни один человек, — я исполню, я погублю себя. Погублю, погублю! и погубить себя для тебя, клянусь Святым Крестом, мне так сладко... но нет, нельзя сказать того! У меня три хутора, половина табунов отцовских — мои, все, что принесла отцу мать моя, что даже от него скрывает она, — все мое! Нет ни у кого теперь из казаков наших такого оружия, как у меня: за одну рукоять моей сабли дают мне лучший табун и три тысячи овец. И от всего этого откажусь, кину, брошу, сожгу, затоплю, если только ты вымолвишь одно слово или хотя только шевельнешь своею тонкою черною бровью! но знаю, что, может быть, несу глупые речи, и некстати, и нейдет все это сюда, что не мне, проведшему жизнь в бурсе и на Запорожье, говорить так, как в обычае говорить там, где бывают короли, князья и все, что ни есть лучшего в вельможном рыцарстве. Вижу, что ты иное творенье Бога, нежели все мы, и далеки пред тобою другие боярские жены и дочери-девы.

С возрастающим изумлением, вся превратившись в слух, не проронив ни одного слова, слушала дева открытую, сердечную речь, в которой, как в зеркале, отражалась молодая, полная сил душа, и каждое простое слово этой речи, выговоренное голосом, летевшим прямо с сердечного дна, облечено было в силу. И выдалось вперед все прекрасное лицо ее, отбросила она далеко назад досадные волосы, открыла уста и долго глядела с открытыми устами; потом хотела что-то сказать и вдруг остановилась и вспомнила, что другим назначеньем ведется рыцарь, что отец, братья и вся отчизна его стоят позади суровыми мстителями, что страшны облегшие город запорожцы, что лютой смерти обречены все они с своим городом... и глаза ее вдруг наполнились слезами; она схватила платок, шитый шелками, набросила его себе на лицо, и он в минуту стал весь влажен; и долго сидела, забросив назад свою прекрасную голову, сжав белоснежными зубами свою прекрасную нижнюю губу, как бы внезапно почувствовав какое укушение ядовитого гада, и не снимая с лица платка, чтобы он не видел ее сокрушительной грусти.

— Скажи мне одно слово! — сказал Андрий и взял ее за атласную руку. Сверкающий огонь пробежал по жилам его от этого прикосновенья, и жал он руку, лежавшую бесчувственно в руке его.

Но она молчала, не отнимала платка от лица своего и оставалась неподвижна.

— Отчего же ты так печальна? скажи мне, отчего ты так печальна?

Бросила прочь она от себя платок, отдернула падающие на очи длинные волосы свои и вся разлилась в жалостных речах, выговаривая их тихим голосом, подобно тому, как ветер, поднявшись в прекрасный вечер, пробежит вдруг по густой чаще приводного тростника, — зашелестят, зазвучат и понесутся вдруг унывно-тонкие звуки, и ловит их с непонятной грустью остановившийся путник, не чуя ни погасающего вечера, ни несущихся веселых песен народа, бредущего от полевых работ и жнив, ни отдаленного стука где-то проезжающей телеги.

— Не достойна ли я вечных сожалений? не несчастна ли мать, родившая меня на свет? не горькая ли доля пришлась на часть мне? не лютый ли ты палач мой, моя свирепая судьба? Всех ты привела к ногам моим: лучших дворян изо всего шляхетства, богатейших панов, графов и иноземных баронов и все, что ни есть цвет нашего рыцарства. Всем им было вольно любить меня, и за великое благо всякий из них почел бы любовь мою. Стоило мне только махнуть рукой, и любой из них, красивейший, прекраснейший лицом и породою, стал бы моим супругом. И ни к одному из них не причаровала ты моего сердца, свирепая судьба моя; а причаровала мое сердце, мимо лучших витязей земли нашей, к чуждому, ко врагу нашему. За что же ты, Пречистая Божья Матерь, за какие грехи, за какие тяжкие преступленья так неумолимо и беспощадно гонишь меня? В изобилии и роскошном избытке всего текли дни мои; лучшие, дорогие блюда и сладкие вина были мне снедью. И на что все это было? к чему оно все было? к тому ли, чтобы наконец умереть лютою смертью, какой не умирает последний нищий в королевстве. И мало того, что осуждена я на такую страшную участь, мало того, что перед концом своим должна видеть, как станут умирать в невыносимых муках отец и мать, для спасенья которых двадцать раз готова была бы отдать жизнь свою, мало всего этого; нужно, чтобы перед концом своим мне довелось увидеть и услышать слова и любовь, какой не видала я. Нужно, чтобы он речами своими разодрал на части мое сердце, чтобы горькая моя часть была еще горше, чтобы еще жалче было мне моей молодой жизни, чтобы еще страшнее казалась мне смерть моя и чтобы еще больше, умирая, попрекала я тебя, свирепая судьба моя, и тебя, прости мое прегрешение, Святая Божья Матерь!

И когда затихла она, безнадежное, безнадежное чувство отразилось в лице ее; ноющею грустью заговорила всякая черта его, и все, от печально поникшего лба и опустившихся очей до слез, застывших и засохнувших по тихо пламеневшим щекам ее, все, казалось, говорило: «Нет счастья на лице этом!»

— Не слыхано на свете, не можно, не быть тому, — говорил Андрий, — чтобы красивейшая и лучшая из жен понесла такую горькую часть, когда она рождена на то, чтобы пред ней, как пред святыней, преклонилось все, что ни есть лучшего на свете. Нет, ты не умрешь, не тебе умирать, клянусь моим рождением и всем, что мне мило на свете, ты не умрешь! Если же будет уже так и ничем, ни силой, ни молитвой, ни мужеством, нельзя будет отклонить горькой судьбы, то мы умрем вместе, и прежде умру я, умру перед тобой, у твоих прекрасных колен, и разве уже мертвого меня разлучат с тобою.

— Не обманывай, рыцарь, и себя и меня, — говорила она, качая тихо прекрасной головой своей, — знаю и, к великому моему горю, знаю слишком хорошо, что тебе нельзя любить меня, знаю я, какой долг и завет твой: тебя зовут отец, товарищи, отчизна, — а мы враги тебе.

— А что мне отец, товарищи, отчизна? — сказал Андрий, встряхнув быстро головою и выпрямив весь прямой, как надречная осокорь[22], стан свой. — Так если ж так, так вот что: нет у меня никого! Никого, никого! — повторил он тем же голосом и с тем движеньем руки, с каким упругий, несокрушимый казак выражает решимость на дело, неслыханное и невозможное для другого. — Кто сказал, что моя отчизна Украина? кто дал мне ее в отчизны? Отчизна есть то, чего ищет душа наша, что милее для нее всего. Отчизна моя — ты! Вот моя отчизна! И понесу я отчизну эту в сердце моем, понесу ее, пока станет моего веку, и посмотрю, пусть кто-нибудь из казаков вырвет ее оттуда! и все, что ни есть, продам, отдам, погублю за такую отчизну!

На миг остолбенев, как прекрасная статуя, смотрела она ему в очи и вдруг зарыдала, и с чудною женскою стремительностию, на какую бывает только способна одна безрасчетно великодушная женщина, созданная на прекрасное сердечное движение, кинулась она к нему на шею, обхватив его снегоподобными, чудными руками, и зарыдала. В это время раздались на улице неясные крики, сопровождаемые трубным и литаврным звуком; но он не слышал их; он слышал только, как чудные уста обдавали его благовонной теплотой своего дыхания, как слезы ее текли ручьями к нему на лицо и все спустившиеся с головы пахучие ее волосы опутали его всего своим темным и блестящим шелком.

В это время вбежала к ним с радостным криком татарка.

— Спасены, спасены! — кричала она, не помня себя, — наши вошли в город, привезли хлеба, пшена, муки и связанных запорожцев.

Но не слышал никто из них, какие «наши» вошли в город, что привезли с собою и каких связали запорожцев. Полный чувств, вкушаемых не на земле, Андрий поцеловал в благовонные уста, прильнувшие к щеке его, и небезответны

---

22 . осокорь - серебристый тополь.

были благовонные уста. Они отозвались тем же, и в этом обоюднослиянном поцелуе ощутилось то, что один только раз в жизни дается чувствовать человеку.

И погиб казак! пропал для всего казацкого рыцарства! не видать ему больше ни Запорожья, ни отцовских хуторов своих, ни церкви Божией. Украине не видать тоже храбрейшего из своих детей, взявшихся защищать ее. Вырвет старый Тарас седой клок волос из своей чупрыны и проклянет и день и час, в который породил на позор себе такого сына.

VII

Шум и движение происходили в запорожском таборе. Сначала никто не мог дать верного отчета, как случилось, что войска прошли в город. Потом уже оказалось, что весь Переяславский курень, расположившийся перед боковыми городскими воротами, был пьян мертвецки; стало быть, дивиться нечего, что половина была перебита, а другая перевязана еще прежде, чем все могли узнать, в чем дело. Покамест ближние курени, разбуженные шумом, успели схватиться за оружие, войско уже уходило в ворота, и последние ряды отстреливались от устремившихся на них в беспорядке сонных и полупротрезвившихся запорожцев. Кошевой дал приказ собраться всем, и когда все стали в круг и, снявши шапки, затихли, он сказал:

— Так вот что, панове-братове, случилось в эту ночь; вот до чего довел хмель! вот какое поруганье оказал нам неприятель! У вас, видно, уже такое заведение: коли позволишь удвоить порцию, так вы готовы так натянуться, что враг Христова воинства не только снимет с вас шаровары, но в самое лицо вам начхает, так вы того не услышите.

Казаки все стояли понурив головы, зная вину; один незамайковский куренной атаман Кукубенко отозвался.

— Постой, батько! — сказал он, — хоть оно и не в законе, чтобы сказать такое возражение, когда говорит кошевой пред лицом всего войска, да дело не так было, так нужно сказать. Ты не совсем справедливо попрекнул. Казаки были бы повинны и достойны смерти, если бы напились в походе, на войне, на трудной, тяжкой работе; но мы сидели без дела, маячились попусту перед городом. Ни поста, ни другого христианского воздержанья не было; как же может статься, чтобы на безделье не напился человек? Греха тут нет. А мы вот лучше покажем им, что такое нападать на безвинных людей. Прежде били добре, а уж теперь побьем так, что и пят не унесут домой.

Речь куренного атамана понравилась казакам. Они приподняли уже совсем было понурившиеся головы, и многие одобрительно кивнули головой, примолвивши: «Добре сказал Кукубенко!» А Тарас Бульба, стоявший недалеко от кошевого, сказал:

— А что, кошевой, видно, Кукубенко правду сказал! что ты скажешь на это?

— А что скажу? скажу: блажен и отец, родивший такого сына: еще не большая мудрость сказать укорительное слово, но большая мудрость сказать такое слово, которое, не поругавшись над бедою человека, ободрило бы его, придало бы духу ему, как шпоры придают духу коню, освеженному водопоем. Я сам хотел вам сказать потом утешительное слово, да Кукубенко догадался прежде.

«Добре сказал и кошевой!» — отозвалось в рядах запорожцев. «Доброе слово!» — повторили другие. И самые седые, стоявшие, как сизые голуби, и те кивнули головою и, моргнувши седым усом, тихо сказали: «Добре сказанное слово!»

— Теперь слушайте же, панове! — продолжал кошевой, — брать крепость, карабкаться и подкапываться, как делают чужеземные немецкие мастера, — пусть ей враг прикинется! — и неприлично, и не казацкое дело. А судя по тому, что есть, неприятель вошел в город не с большим запасом; телег что-то было с ним немного; народ в городе голодный, стало быть, все съест духом, да и коням тоже сена... уж я не знаю, разве с неба кинет им на вилы какой-нибудь их святой... только про это еще Бог знает; а ксендзы-то их горазды на одни слова. За тем или за другим, а уж они выйдут из города. Разделяйся на три кучи и становись на три дороги перед тремя воротами. Перед главными воротами пять куреней, перед другими по три куреня. Дядькивский и Корсунский курень на засаду; полковник Тарас с полком на засаду; Тытаревский и Тымошевский курень на запас с правого боку обоза, Щербиновский и Стебликивский верхний, с левого боку! Да выбирайтесь из ряду молодцы, которые позубастей на слово, задирать неприятеля! У ляха пустоголовая натура, брани не вытерпит, и, может быть, сегодня же все они выйдут из ворот. Куренные атаманы, всякий перегляди курень свой: у кого недочет, пополни его остатками Переяславского. Перегляди все снова! Дать на опохмел всем по чарке и по хлебу на казака! Только, верно, всякий еще вчерашним сыт, ибо, некуда деть правды, поначадились все так, что дивлюсь, как ночью никто не лопнул. Да вот еще один наказ: если кто-нибудь, шинкарь-жид, продаст казаку хоть один кухоль [23] сивухи, то я прибью ему на самый лоб свиное ухо, собаке, и повешу ногами вверх! За работу же, братцы, за работу!

Так распоряжался кошевой, и все поклонились ему в пояс и, не надевая шапок, отправились к своим возам и таборам и, когда уже совсем далеко отошли, тогда только надели шапки.

---

23 . кухоль - глиняная кружка.

Все начали снаряжаться: пробовали сабли и палаши, насыпали порох из мешков в пороховницы, откатывали и становили возы и выбирали коней.

Уходя к своему полку, Тарас думал и не мог придумать, куда бы девался Андрий; полонили ли его вместе с другими и связали сонного; только нет, не таков Андрий, чтобы отдался живым в плен. Между убитыми казаками тоже не было его видно. Задумался крепко Тарас и шел перед полком, не слыша, что его давно называл кто-то по имени.

— Кому нужно меня? — сказал он, наконец очнувшись.

Перед ним стоял жид Янкель.

— Пан полковник, пан полковник! — говорил жид поспешным и прерывистым голосом, как будто бы хотел объявить дело не совсем пустое, — я был в городе, пан полковник!

Тарас посмотрел на жида и подивился тому, что он уже успел побывать в городе.

— Какой же враг тебя занес туда?

— Я тотчас расскажу, — сказал Янкель, — как только услышал я на заре шум и казаки стали стрелять, я ухватил кафтан и, не надевая его, побежал туда бегом, дорогою уже надел его в рукава, потому что хотел поскорей узнать, отчего шум, отчего казаки на самой заре стали стрелять. Я взял и прибежал к самым городским воротам в то время, когда последнее войско входило в город. Гляжу, впереди отряда пан хорунжий Галяндович. Он человек мне знакомый: еще с третьего года задолжал сто червонных; я за ним, будто бы затем, чтобы выправить с него долг, и вошел вместе с ним в город.

— Как же ты вошел в город, да еще и долг хотел выправить! — сказал Бульба, — и не велел он тебя тут же повесить, как собаку?

— А ей-Богу, хотел повесить, — отвечал жид, — уже было его слуги совсем схватили меня и закинули веревку на

73

шею, но я взмолился пану, сказал, что подожду долгу, сколько пан хочет, и пообещал еще дать взаймы, как только поможет мне собрать долги с других рыцарей; ибо у пана хорунжего, я все скажу пану, нет ни одного червонного в кармане, хоть у него есть и хутора, и усадьбы, и четыре замка, и степовой земли до самого Шклова, а грошей у него так, как у казака, ничего нет. И теперь, если бы не вооружили его бреславские жиды, не в чем было бы ему на войну выехать. Он и на сейме оттого не был...

— Что ж ты делал в городе? видел наших?

— Как же, наших там много: Ицка, Рахум, Самуйло, Хайвалох, еврей-арендатор...

— Пропади они, собаки! — вскрикнул, рассердившись, Тарас, — что ты мне тычешь свое жидовское племя! я тебя спрашиваю про наших запорожцев.

— Наших запорожцев не видал, а видал одного пана Андрия.

— Андрия видел? — вскрикнул Бульба, — что ж он? где видел его? в подвале? в яме? обесчещен? связан?

— Кто же бы смел связать пана Андрия? теперь он такой важный рыцарь... далибуг[24], я не узнал. И наплечники в золоте, и на поясе золото, и везде золото, и все золото; так, как солнце взглянет весною, когда в огороде всякая пташка пищит и поет и всякая травка пахнет, так и он весь сияет в золоте, и коня ему дал воевода самого лучшего под верх: два ста червонных стоит один конь.

Бульба остолбенел.

— Зачем же он надел чужое одеянье?

— Потому что лучше, потому и надел. И сам разъезжает, и другие разъезжают, и он учит, и его учат: как наибогатейший польский пан!

_____

24 . далибуг (польск.) - ей-богу.

— Кто ж его принудил?

— Я ж не говорю, чтобы его кто принудил. Разве пан не знает, что он по своей воле перешел к ним?

— Кто перешел?

— А пан Андрий.

— Куда перешел?

— Перешел на их сторону; он уже теперь совсем ихний.

— Врешь, свиное ухо!

— Как же можно, чтобы я врал? дурак я разве, чтобы врал? на свою бы голову я врал? Разве я не знаю, что жида повесят, как собаку, коли он соврет перед паном.

— Так это выходит, он, по-твоему, продал отчизну и веру?

— Я же не говорю этого, чтобы он продал что, я сказал только, что он перешел к ним.

— Врешь, чертов жид! такого дела не было на христианской земле! ты путаешь, собака!

— Пусть трава порастет на пороге моего дома, если я путаю! Пусть всякий наплюет на могилу отца, матери, свекра, и отца отца моего, и отца матери моей, если я путаю. Если пан хочет, я даже скажу, и отчего он перешел к ним.

— Отчего?

— У воеводы есть дочка-красавица, святой Боже! какая красавица! — Здесь жид постарался, как только мог, выразить в лице своем красоту, расставив руки, прищурив глаз и покрививши набок рот, как будто чего-нибудь отведавши.

— Ну, так что же из того?

— Он для нее и сделал все и перешел. Коли человек влюбится, то он все равно что подошва, которую, коли размочишь в воде, возьми согни — она и согнется.

Крепко задумался Бульба. Вспомнил он, что велика власть слабой женщины, что многих сильных погубляла она, что податлива с этой стороны природа Андрия, и стоял он долго как вкопанный на одном и том же месте.

— Слушай, пан, я все расскажу пану, — говорил жид, — а как только услышал я шум и увидел, что проходят в городские ворота, я схватил на всякий случай с собой нитку жемчуга, потому что в городе есть красавицы и дворянки; а коли есть красавицы и дворянки, сказал я себе, то им хоть и есть нечего, а жемчуг все-таки купят. И как только хорунжего слуги пустили меня, я побежал на воеводин двор продавать жемчуг. Расспросил все у служанки-татарки: «Будет свадьба сейчас, как только прогонят запорожцев. Пан Андрий обещался прогнать запорожцев».

— И ты не убил тут же на месте его, чертова сына? — вскрикнул Бульба.

— За что же убить? он перешел по доброй воле. Чем человек виноват: там ему лучше, туда и перешел.

— И ты видел его в самое лицо?

— Ей-Богу, в самое лицо! такой славный вояка! всех взрачней. Дай ему Бог здоровья, меня тотчас узнал; и когда я подошел к нему, тотчас сказал...

— Что ж он сказал?

— Он сказал, прежде кивнул пальцем, а потом уже сказал: «Янкель!» А я: «Пан Андрий!» — говорю. «Янкель, скажи отцу, скажи брату, скажи казакам, скажи запорожцам, скажи всем, что отец — теперь не отец мне, брат — не брат, товарищ — не товарищ, и что я с ними буду биться со всеми, со всеми буду биться!»

— Врешь, чертов Иуда! — закричал, вышед из себя, Тарас, — врешь, собака! Ты и Христа распял, проклятый Богом человек! Я тебя убью, сатана! утекай отсюда, не то тут же тебе и смерть! — И, сказавши это, Тарас выхватил свою саблю.

Испуганный жид припустился тут же во все лопатки, как только могли вынести его тонкие, сухие икры. Долго еще бежал он без оглядки между казацким табором и потом далеко по всему чистому полю, хотя Тарас вовсе не гнался за ним, размыслив, что неразумно вымещать запальчивость на первом подвернувшемся.

Теперь припомнил он, что видел в прошлую ночь Андрия, проходившего по табору с какой-то женщиною, и поник седою головою, а все еще не хотел верить, чтобы могло случиться такое позорное дело и чтобы собственный сын его продал веру и душу.

Наконец повел он свой полк в засаду и скрылся с ним за лесом, который один был не выжжен еще казаками. А запорожцы, и пешие и конные, выступали на три дороги к трем воротам. Один за другим валили курени: Уманский, Поповичевский, Каневский, Стебликивский, Незамайковский, Гургизив, Тытаревский, Тымошевский. Одного только Переяславского не было. Крепко курнули казаки его и прокурили свою долю. Кто проснулся связанным во вражьих руках, кто, и совсем не просыпаясь, сонный перешел в сырую землю, и сам атаман Хлиб, без шаровар и верхнего убранства, очутился в ляшском стане.

В городе услышали казацкое движенье. Все высыпали на вал, и предстала пред казаков живая картина: польские витязи, один другого красивей, стояли на валу. Медные шапки сияли, как солнца, оперенные белыми, как лебедь, перьями. На других были легкие шапочки, розовые и голубые, с перегнутыми набекрень верхами. Кафтаны с откидными руками, шитые золотом и просто выложенные шнурками. У тех сабля и ружья в дорогих оправах, за которые дорого приплачивались паны, и много было всяких других убранств. Напереди стоял спесиво, в красной шапке, убранной золотом, буджаковский полковник. Грузен был полковник, всех выше и толще, и широкий дорогой кафтан насилу облекал его. На другой стороне, почти к боковым воротам, стоял другой полковник, небольшой человек, весь высохший; но малые зоркие очи глядели живо из-под густо наросших бровей, и оборачивался он скоро на все стороны, указывая бойко тонкою, сухою рукою своею, раздавая приказанья; видно было, что, несмотря на малое тело свое, знал он хорошо ратную науку. Недалеко от него стоял хорунжий, длинный-длинный, с густыми усами, и, казалось, не было у него недостатка в краске на лице: любил пан крепкие меды и добрую пирушку. И много было видно за ними всякой шляхты, вооружившейся кто на свои червонцы, кто на королевскую казну, кто на жидовские деньги, заложив все, что ни нашлось в дедовских замках. Немало было и всяких сенаторских нахлебников, которых брали с собою сенаторы на обеды для почета, которые крали со стола и из буфетов серебряные кубки и после сегодняшнего почета на другой день садились на козлы править конями у какого-нибудь пана. Много всяких было там. Иной раз и выпить было не на что, а на войну все принарядилось.

Казацкие ряды стояли тихо перед стенами. Не было из них ни на ком золота; только разве кое-где блестело оно на сабельных рукоятях и ружейных оправах. Не любили казаки богато наряжаться на битвах: простые были на них кольчуги и свиты, и далеко чернели и червонели черные, червоноверхие бараньи их шапки.

Два казака выехали вперед из запорожских рядов. Один еще совсем молодой, другой постарее, оба зубастые на слова, на деле тоже не плохие казаки: Охрим Наш и Мыкыта Голокопытенко. Следом за ними выехал и Демид Попович, коренастый казак, уже давно маячивший на Сече, бывший под Адрианополем и много потерпевший на веку своем: горел в огне и прибежал на Сечь с обсмаленною, почерневшею головою и сгоревшими усами. Но раздобрел вновь Попович, пустил за ухо оселедец, вырастил усы, густые и черные как смоль, и крепок был на едкое слово Попович.

— А, красные жупаны на всем войске, да хотел бы я знать, красная ли сила у войска?

— Вот я вас! — кричал сверху дюжий полковник. — Всех перевяжу! отдавайте, холопы, ружья и коней. Видели, как перевязал я ваших? Выведите им на вал запорожцев!

И вывели на вал скрученных веревками запорожцев; впереди их был куренной атаман Хлиб, без шаровар и верхнего убранства, так, как схватили его хмельного. И потупил в землю голову атаман, стыдясь наготы своей перед своими же казаками и того, что попал в плен, как собака, сонный. В одну ночь поседела крепкая голова его.

— Не печалься, Хлиб! выручим! — кричали ему снизу казаки.

— Не печалься, друзьяка! — отозвался куренной атаман Бородатый, — в том нет вины твоей, что схватили тебя нагого: беда может быть со всяким человеком; но стыдно им, что выставили тебя на позор, не прикрывши прилично наготы твоей.

— Вы, видно, на сонных людей храброе войско! — говорил, поглядывая на вал, Голокопытенко.

— Вот погодите, обрежем мы вам чубы! — кричали им сверху.

— А хотел бы я поглядеть, как они нам обрежут чубы! — говорил Попович, поворотившись перед ними на коне, и потом, поглядевши на своих, сказал: — А что ж? может быть, ляхи и правду говорят; коли выведет их вон тот, пузатый, им всем будет добрая защита.

— Отчего ж, ты думаешь, будет им добрая защита? — сказали казаки, зная, что Попович, верно, уже готовился что-нибудь отпустить.

— А оттого, что позади его упрячется все войско, и уж черта с два из-за его пуза достанешь которого-нибудь копьем!

Все засмеялись казаки; и долго многие из них еще покачивали головою, говоря: «Ну уж Попович! уж коли кому закрутит слово, так только ну...» — Да уж и не сказали казаки, что такое «ну».

— Отступайте, отступайте скорей от стен! — закричал кошевой, ибо ляхи, казалось, не выдержали едкого слова, и полковник махнул рукой.

Едва только посторонились казаки, как грянули с вала картечью. На валу засуетились, показался сам седой воевода на коне. Ворота отворились, и выступило войско. Впереди выехали ровным конным строем гусары, за ними кольчужники, потом латники с копьями, потом все в медных шапках, потом ехали особняком лучшие шляхтичи, каждый одетый по-своему. Не хотели гордые шляхтичи вмешаться в ряды с другими, и у которого не было команды, тот ехал один с своими слугами. Потом опять ряды, и за ними выехал хорунжий, за ним опять ряды, и выехал дюжий полковник, а позади всего уже войска выехал последним низенький полковник.

— Не давать им! не давать им строиться и становиться в ряды! — кричал кошевой, — разом напирайте на них все курени! Оставляйте же прочие ворота! Тытаревский курень, нападай сбоку! Дядькивский курень, нападай с другого! Напирайте на тыл, Кукубенко и Палывода! Мешайте, мешайте и розните их!

И ударили со всех сторон казаки, сбили и смешали ляхов, и сами смешались. Не дали даже и стрельбы произвесть; пошло дело на мечи да на копья. Все сбились в кучу, и каждому привел случай показать себя. Демид Попович трех заколол простых и двух лучших шляхтичей сбил с коней, говоря: «Вот добрые кони! таких коней я давно хотел достать». И выгнал коней далеко в поле, крича стоявшим казакам перенять их. Потом вновь пробился в кучу, напал опять на сбитых с коней шляхтичей, одного убил, а другому накинул аркан на шею, привязал к седлу и поволок его по всему полю, сняв с него саблю с дорогою рукоятью и отвязав от пояса целый черенок [25] с червонцами. Кобита,

---

25 . черенок - кошелек.

добрый казак и молодой еще, схватился тоже с одним из храбрейших в польском войске, и долго бились они. Сошлись уже в рукопашный, одолел было уже казак и, сломивши, ударил острым турецким ножом в грудь. Но не уберегся сам: тут же в висок хлопнула его горячая пуля. Свалил его знатнейший из панов, красивейший и древнего княжеского рода рыцарь. Как стройный тополь, носился он на буланом коне своем. И много уже показал боярской богатырской удали: двух запорожцев разрубил надвое, Федора Коржа, доброго казака, опрокинул вместе с конем, выстрелил по коню, а казака достал из-за коня копьем; многим отнял головы и руки, повалил казака Кобиту, вогнавши ему пулю в висок.

— Вот с кем бы я хотел попробовать силы! — закричал незамайковский куренной атаман Кукубенко. Припустив коня, налетел прямо ему в тыл и сильно вскрикнул, так что вздрогнули все близ стоявшие от нечеловеческого крика. Хотел было поворотить вдруг своего коня лях и стать ему в лицо; но не послушался конь; испуганный страшным криком, метнулся на сторону, и достал его ружейною пулею Кукубенко. Вошла в спинные лопатки ему горячая пуля, и свалился он с коня. Но и тут не поддался лях, все еще силился нанести врагу удар, но ослабела упавшая вместе с саблею рука. А Кукубенко, взяв в обе руки свой тяжелый палаш, вогнал его ему в самые побледневшие уста. Вышиб два сахарные зуба палаш, рассек надвое язык, разбил горловой позвонок и вошел далеко в землю; так и пригвоздил он его там навеки к сырой земле. Ключом хлынула вверх алая, как надречная калина, высокая дворянская кровь и выкрасила весь обшитый золотом желтый кафтан. А Кукубенко уже кинул его и пробился с своими незамайковцами в другую кучу.

— Эх, оставил неприбранным такое дорогое убранство! — сказал уманский куренной Бородатый, отъезжая от своих к

81

месту, где лежал убитый Кукубенком шляхтич. — Я семерых убил шляхтичей своею рукою, а такого убранства еще не видел ни на ком.

И польстился корыстью Бородатый, нагнулся, чтобы снять с него дорогие доспехи, вынул уже турецкий нож в оправе из самоцветных каменьев, отвязал от пояса черенок с червонцами, снял с груди сумку с тонким бельем, дорогим серебром и девическою кудрею, сохранно сберегавшеюся на память. И не услышал Бородатый, как налетел на него сзади красноносый хорунжий, уже раз сбитый им с седла и получивший добрую зазубрину на память. Размахнулся он со всего плеча и ударил его саблей по нагнувшейся шее. Не к добру повела корысть: отскочила могучая голова, и упал обезглавленный труп, далеко оросивши землю. Понеслась к вышинам суровая казацкая душа, хмурясь и негодуя, и вместе с тем дивуясь, что так рано вылетела из такого крепкого тела. Не успел хорунжий ухватить за чуб атаманскую голову, чтобы привязать ее к седлу, а уж был тут суровый мститель.

Как плавающий в небе ястреб, давши много кругов сильными крылами, вдруг останавливается распластанный среди воздуха на одном месте и бьет оттуда стрелой на раскричавшегося у самой дороги самца-перепела, — так Тарасов сын, Остап, налетел вдруг на хорунжего и сразу накинул ему на шею веревку. Побагровело еще сильнее красное лицо хорунжего, когда затянула ему горло жестокая петля; схватился он было за пистолет, но судорожно сведенная рука не могла направить выстрела, и пуля даром полетела в поле. Остап тут же, у его же седла, отвязал шелковый шнур, который возил с собою хорунжий для вязания пленных, и его же шнуром связал его по рукам и по ногам, прицепил конец веревки к седлу и поволок его через поле, сзывая громко всех казаков Уманского куреня, чтобы шли отдать последнюю честь атаману.

Как услышали уманцы, что куренного их атамана

Бородатого нет уже в живых, бросили поле битвы и прибежали прибирать его тело, и тут же стали совещаться, кого выбрать в куренные. Наконец сказали:

— Да на что совещаться? лучше не можно поставить в куренные, как Бульбенка Остапа: он, правда, младший всех нас, но разум у него, как у старого человека.

Остап, сняв шапку, всех поблагодарил казаков-товарищей за честь, не стал отговариваться ни молодостью, ни молодым разумом, зная, что время военное и не до того теперь; а тут же повел их прямо на кучу и уж показал им всем, что недаром выбрали его в атаманы. Почувствовали ляхи, что уже становилось дело слишком жарко, отступили и перебежали поле, чтоб собраться на другом конце его. А низенький полковник махнул на стоявшие отдельно у самых ворот четыре свежие сотни, и грянули оттуда картечью в казацкие кучи; но мало кого достали: пули хватали по быкам казацким, дико глядевшим на битву. Взревели испуганные быки, поворотили на казацкие таборы, переломали возы и многих перетоптали. Но Тарас, в это время вырвавшись из засады с своим полком, с криком бросился наперейемы. Поворотило назад все бешеное стадо, испуганное криком, и метнулось на ляшские полки, опрокинуло конницу, всех смяло и рассыпало.

— О, спасибо вам, волы! — кричали запорожцы, — служили всё походную службу, а теперь и военную сослужили! — И ударили с новыми силами на неприятеля.

Много тогда перебили врагов. Многие показали себя: Метельця, Шило, оба Писаренки, Вовтузенко, и немало было всяких. Увидели ляхи, что плохо наконец приходит, выкинули хоругвь и закричали отворять городские ворота. Со скрипом отворились обитые железом ворота и приняли толпившихся, как овец в овчарню, изнуренных и покрытых пылью всадников. Многие из запорожцев погнались было за ними, но Остап своих уманцев остановил, сказавши:

— Подальше, подальше, паны-братья, от стен! не годится близко подходить к ним. — И правду сказал, потому что со стен грянуло и посыпали всем чем ни попало, и многим досталось. В это время подъехал кошевой и похвалил Остапа, сказавши:

— Вот и новый атаман, а ведет войско так, как бы и старый! — Оглянулся старый Бульба поглядеть, какой там новый атаман, и увидел, что впереди всех уманцев сидел на коне Остап, и шапка заломлена набекрень, и атаманская палица в руке.

— Вишь ты какой! — сказал он, глядя на него, и обрадовался старый, и стал благодарить всех уманцев за честь, оказанную сыну.

Казаки вновь отступили, готовясь идти к таборам, а на городском валу вновь показались ляхи уже с изорванными епанчами. Запеклася кровь на многих дорогих кафтанах, и пылью покрылись красивые медные шапки.

— Что, перевязали? — кричали им снизу запорожцы.

— Вот я вас! — кричал все так же сверху толстый полковник, показывая веревку; и все еще не переставали грозить запыленные, изнуренные воины, и все, бывшие позадорнее, перекинулись с обеих сторон бойкими словами.

Наконец разошлись все. Кто расположился отдыхать, утомившись от боя; кто присыпал землей свои раны и драл на перевязки платки и дорогие одежды, снятые с убитого неприятеля. Другие же, которые были посвежее, стали прибирать тела и отдавать им последнюю почесть. Палашами, копьями копали могилы, шапками, полами выносили землю; сложили честно казацкие тела и засыпали их свежею землею, чтобы не досталось воронам и хищным орлам выклевать им очи. А ляшские тела, привязавши как попало десятками к хвостам диких коней, пустили их по всему полю и долго потом гнались за ними и хлестали их по бокам. Летели бешеные кони по бороздам, буграм, через рвы и протоки, и бились о землю покрытые кровью и прахом ляшские трупы.

Потом сели кругами все курени вечерять и долго говорили о делах и подвигах, доставшихся в удел каждому, на вечный рассказ пришельцам и потомству. Долго не ложились они; а долее всех не ложился старый Тарас, все размышляя, что бы значило, что Андрия не было между вражьих воев. Посовестился ли Иуда выйти противу своих, или обманул жид и попался он просто в неволю. Но тут же вспомнил он, что не в меру было наклончиво сердце Андрия на женские речи, почувствовал скорбь и заклялся сильно в душе против полячки, причаровавшей его сына. И выполнил бы он свою клятву: не поглядел бы на ее красоту, вытащил бы ее за густую, пышную косу, поволок бы ее за собою по всему полю, между всех казаков. Избились бы о землю, окровавившись и покрывшись пылью, ее чудные груди и плечи, блеском равные нетающим снегам, что покрывают горные вершины. Разнес бы по частям он ее пышное, прекрасное тело. Но не ведал Бульба того, что готовит Бог человеку завтра, и стал позабываться сном, и наконец заснул.

А казаки все еще говорили промеж собой, и всю ночь стояла у огней, приглядываясь пристально во все концы, трезвая, не смыкавшая очей стража.

VIII

Еще солнце не дошло до половины неба, как все запорожцы собрались в круги. Из Сечи пришла весть, что татары во время отлучки казаков ограбили в ней все, вырыли скарб, который втайне держали казаки под землей, избили и забрали в плен всех, которые оставались, и со всеми забранными стадами и табунами направили путь прямо к

Перекопу. Один только казак, Максим Голодуха, вырвался дорогою из татарских рук, заколол мирзу, отвязал у него мешок с цехинами и на татарском коне, в татарской одежде полтора дня и две ночи уходил от погони, загнал насмерть коня, пересел на другого, загнал и того, и уже на третьем приехал в запорожский табор, разведав на дороге, что запорожцы были под Дубном. Только и успел объявить он, что случилось такое зло; но отчего оно случилось, курнули ли оставшиеся запорожцы, по казацкому обычаю, и пьяными отдались в плен, и как узнали татары место, где был зарыт войсковой скарб, — этого ничего не сказал он. Сильно истомился казак, распух весь, лицо пожгло и опалило ему ветром; упал он тут же и заснул крепким сном.

В подобных случаях водилось у запорожцев гнаться в ту ж минуту за похитителями, стараясь настигнуть их на дороге, потому что пленные как раз могли очутиться на базарах Малой Азии, в Смирне, на Критском острове, и Бог знает в каких местах не показались бы чубатые запорожские головы. Вот отчего собрались запорожцы. Все до единого стояли они в шапках, потому что пришли не с тем, чтобы слушать по начальству атаманский приказ, но совещаться, как равные между собою.

— Давай совет прежде старшие! — закричали в толпе.

— Давай совет кошевой! — говорили другие.

И кошевой, сняв шапку, уж не так, как начальник, а как товарищ, благодарил всех казаков за честь и сказал:

— Много между нами есть старших и советом умнейших; но коли меня почтили, то мой совет: не терять, товарищи, времени и гнаться за татарином; ибо вы сами знаете, что за человек татарин: он не станет с награбленным добром ожидать нашего прихода, а мигом размытарит его, так что и следов не найдешь. Так мой совет: идти. Мы здесь уже погуляли. Ляхи знают, что такое казаки; за веру, сколько было по силам, отмстили; корысти же с голодного города не много. Итак, мой совет: идти.

— Идти! — раздалось громко в запорожских куренях.

Но Тарасу Бульбе не пришлись по душе такие слова, и навесил он еще ниже на очи свои хмурные, исчерна-белые брови, подобные кустам, выросшим по высокому темени горы, которых верхушки вплоть занес иглистый северный иней.

— Нет, не прав совет твой, кошевой! — сказал он, — ты не так говоришь: ты позабыл, видно, что в плену остаются наши, захваченные ляхами? Ты хочешь, видно, чтобы мы не уважили первого, святого закона товарищества, оставили бы собратьев своих на то, чтобы с них с живых содрали кожу или, исчетвертовав на части казацкое их тело, развозили бы их по городам и селам, как уже сделали они с гетманом и лучшими русскими витязями на Украине. Разве мало они поругались и без того над святынею? Что ж мы такое? спрашиваю я всех вас: что ж за казак тот, который кинул в беде товарища, кинул его, как собаку, пропасть на чужбине? Коли уж на то пошло, что всякий ни во что ставит казацкую честь, позволив себе плюнуть в седые усы свои и попрекать себя обидным словом, так не укорит же никто меня. Один остаюсь.

Поколебались все стоявшие запорожцы.

— А разве ты позабыл, бравый полковник, — сказал тогда кошевой, — что у татар в руках тоже наши товарищи, что если мы теперь их не выручим, то жизнь их будет продана на вечное невольничество язычникам, что хуже всякой лютой смерти; позабыл разве, что у них теперь вся казна наша, добытая христианскою кровью?

Задумались все казаки и не знали, что сказать. Никому не хотелось из них заслужить обидную славу. Тогда вышел вперед всех старейший годами во всем запорожском войске Касьян Бовдюг. В чести был он у всех казаков; два раза уже был избираем кошевым и на войнах тоже был сильно добрый казак, но уже давно состарелся и не бывал ни в каких походах, не любил тоже и советов давать никому, а любил старый вечно лежать на боку у казацких кругов, слушая рассказы про всякие бывалые случаи и казацкие походы. Никогда не вмешивался он в их речи, а все только слушал да прижимал пальцем золу в своей коротенькой трубке, которой не выпускал изо рта, и долго сидел он потом, прижмурив слегка очи, и не знали казаки, спал ли он, или все еще слушал. Все походы оставался он дома; на сей раз разобрало старого. Махнул рукою по-казацки и сказал:

— А, не куды пошла! пойду и я, может, в чем-нибудь буду пригоден казачеству!

Все казаки притихли, когда выступил он теперь перед собрание, ибо давно не слышали от него никакого слова. Всякий хотел знать, что скажет Бовдюг.

— Пришла очередь мне сказать слово, паны-братья, — так он начал, — послушайте, дети, старого. Мудро сказал кошевой, и, как голова казацкого войска, обязанный приберегать его и пещись о войсковом скарбе, мудрее ничего он не мог сказать. Вот что! Это пусть будет первая моя речь; а теперь послушайте, что скажет моя другая речь. А вот что скажет моя другая речь: большую правду сказал и Тарас-полковник, дай Бог ему побольше веку и чтоб таких полковников было побольше на Украине! Первый долг и первая честь казака есть соблюсти товарищество. Сколько ни живу я на веку, не слышал я, паны-братья, чтобы казак покинул где или продал как-нибудь своего товарища. И те и другие нам товарищи — меньше их или больше, — все равно, все товарищи, все нам дороги. Так вот какая моя речь: те, которым милы захваченные татарами, пусть отправляются за татарами, а которым милы полоненные ляхами и которым не хочется оставлять правого дела, пусть остаются. Кошевой по долгу пойдет с одною половиною за татарами, а другая половина выберет себе наказного атамана. А наказным атаманом, коли хотите послушать белой головы, не пригоже быть никому другому, как только одному Тарасу Бульбе. Нет из нас никого, равного ему в доблести.

Так сказал Бовдюг и затих; и обрадовались все казаки, что навел их таким образом на ум старый. Все вскинули вверх шапки и закричали:

— Спасибо тебе, батько! молчал, молчал, долго молчал, да вот наконец и сказал; недаром говорил, когда собирался в поход, что будет пригоден казачеству: так и сделалось.

— Что, согласны вы на то? — спросил кошевой.

— Все согласны! — закричали казаки.

— Стало быть, раде конец?

— Конец раде! — кричали казаки.

— Слушайте ж теперь войскового приказа, дети, — сказал кошевой, выступил вперед и надел шапку, а все запорожцы, сколько их ни было, сняли свои шапки и остались с непокрытыми головами, потупив очи в землю, как бывало всегда между казаками, когда собирался что говорить старший.

— Теперь отделяйтесь, паны-братья! кто хочет идти, ступай на правую сторону, кто остается, отходи на левую; куда большая часть куреня переходит, туда и атаман; коли меньшая часть переходит, приставай к другим куреням.

И вот стали переходить, кто на правую, кто на левую сторону. Которого куреня большая часть переходила, туда и куренной атаман переходил, которого малая часть, та приставала к другим куреням; и вышло без малого не поровну на всякой стороне. Захотели остаться: весь почти Незамайковский курень, большая половина Поповичевского куреня, весь Уманский курень, весь Каневский курень, большая половина Стебликивского куреня, большая половина Тымошевского куреня. Все остальные вызвались идти вдогон за татарами. Много было на обеих сторонах дюжих и храбрых казаков. Между теми, которые решились идти вслед за татарами, был Череватый, добрый старый казак Покотыполе, Лемиш, Прокопович Хома; Демид Попович тоже перешел туда, потому что был сильно завзятого нрава казак, — не мог долго высидеть на месте: с ляхами попробовал он уже дела, захотелось попробовать еще с татарами. Куренные были: Ностюган, Покрышка, Невылычкий, и много еще других славных и храбрых казаков захотело попробовать меча и могучего плеча в схватке с татарином. Немало было также сильно и сильно добрых казаков между теми, которые захотели остаться: куренные Демытрович, Кукубенко, Вертыхвист, Балабан, Бульбенко Остап. Потом много было еще других именитых и дюжих казаков: Вовтузенко, Черевыченко, Степан Гуска, Охрим Гуска, Мыкола Густый, Задорожний, Метелыця, Иван Закрутыгуба, Мосий Шило, Дёгтяренко, Сыдоренко, Писаренко, потом другой Писаренко, потом еще Писаренко, и много было других добрых казаков. Все были хожалые, езжалые; ходили по анатольским берегам, по крымским солончакам и степям, по всем речкам большим и малым, которые впадали в Днепр, по всем заходам[26] и днепровским островам; бывали в молдавской, волошской, в турецкой земле; изъездили все Черное море двухрульными казацкими челнами; нападали в пятьдесят челнов в ряд на богатейшие и превысокие корабли; перетопили немало турецких галер и много-много выстреляли пороху на своем веку; не раз драли на онучи дорогие паволоки и оксамиты; не раз череши у штанных очкуров набивали все чистыми цехинами. А сколько всякий из них пропил и прогулял добра, ставшему бы другому на всю жизнь, того и счета не было. Все спустили по-казацки, угощая весь мир и нанимая музыку, чтобы все веселилось, что ни есть на свете. Еще и теперь у редкого из них не было закопано

---

26 . заход - залив.

добра: кружек, серебряных ковшей и запястьев, под камышами на днепровских островах, чтобы не довелось татарину найти его, если бы, в случае несчастья, удалось ему напасть врасплох на Сечь; но трудно было бы татарину найти, потому что и сам хозяин уже стал забывать, в котором месте закопал его. Такие-то были казаки, захотевшие остаться и отмстить ляхам за верных товарищей и Христову веру! Старый казак Бовдюг захотел также остаться с ними, сказавши: «Теперь не такие мои лета, чтобы гоняться за татарами; а тут есть место, где опочить доброю казацкою смертью. Давно уже просил я Бога, чтобы если придется кончить жизнь, то чтобы кончить ее на войне за святое и христианское дело. Так оно и случилось. Славнейшей кончины уже не будет в другом месте для старого казака».

Когда отделились все и стали на две стороны в два ряда куренями, кошевой прошел промеж рядов и сказал:

— А что, панове-братове, довольны одна сторона другою?

— Все довольны, батько! — отвечали казаки.

— Ну, так поцелуйтесь же и дайте друг другу прощанье, ибо, Бог знает, приведется ли в жизни еще увидеться. Слушайте своего атамана, а исполняйте то, что сами знаете: сами знаете, что велит казацкая честь.

И все казаки, сколько их ни было, перецеловались между собою. Начали первые атаманы и, поведши рукою седые усы свои, поцеловались навкрест и потом, взяв за руки и крепко держа руки, хотел один другого спросить: «Что, пане-брате, увидимся или не увидимся?» — да и не спросили, замолчали, и загадались обе седые головы. А казаки все до одного прощались, зная, что много будет работы тем и другим, но не повершили, однако ж, тотчас разлучиться, а повершили дождаться темной ночной поры, чтоб не дать неприятелю увидеть убыль в казацком войске. Потом все отправились по куреням обедать.

После обеда все, которым предстояла дорога, легли

отдыхать и спали крепко и долгим сном, как будто чуя, что, может, последний сон доведется им вкусить на такой свободе. Спали до самого солнечного захода, а как зашло солнце и немного стемнело, стали мазать телеги. Снарядясь, пустили вперед возы, а сами, пошапковавшись еще раз с товарищами, тихо пошли вслед за возами, конница чинно, без покрика и посвиста на лошадей, слегка затопотала вслед за пешими, и вскоре стало их не видно в темноте. Глухо отдавался только конский топот да скрып иного колеса, которое еще не расходилось или не было хорошо подмазано за ночною темнотою.

Долго еще оставшиеся товарищи махали им издали руками, хотя не было ничего видно. А когда сошли и воротились по своим местам, когда увидели при высветившихся ясно звездах, что половины телег уже не было на месте, что многих, многих нет, невесело стало у всякого на сердце, и все задумались против воли, потупив в землю гульливые свои головы.

Тарас видел, как смутны стали казацкие ряды и как уныние, неприличное храбрым, стало тихо обнимать казацкие головы; но молчал: он хотел дать время всему, чтобы свыклись они и с уныньем, наведенным прощаньем с товарищами; а между тем в тишине готовился разом и вдруг разбудить их всех, гикнувши по-казацки, чтобы вновь и с большею силою, чем прежде, воротилась бодрость каждому в душу, на что способна одна только славянская порода, широкая, могучая порода, перед другими, что море перед мелководными реками. Коли время бурно, все превращается оно в рев и гром, бугря и подымая валы, как не поднять их бессильным рекам. Коли же безветренно и тихо, яснее всех рек расстилает оно свою неоглядную стеклянную поверхность, вечную негу очей.

И повелел Тарас распаковать своим слугам один из возов, стоявший особняком. Больше и крепче всех других он был в казацком стане; двойною крепкою шиною были обтянуты дебелые колеса его, грузно был он навьючен, укрыт попонами, крепкими воловьими кожами и увязан туго засмоленными веревками. В возе были все баклаги и бочонки старого доброго вина, которое долго лежало у Тараса в погребах. Взял он его про запас на торжественный случай, чтобы, если случится великая минута и будет всем предстоять дело, достойное на передачу потомкам, то чтобы всякому казаку, до единого, досталось выпить заповедного вина, чтобы в великую минуту великое чувство овладело бы человеком. Услышав полковничий приказ, слуги бросились к возам, палашами перерезывали крепкие веревки, снимали толстые воловьи кожи и попоны и стаскивали с воза баклаги и бочонки.

— А берите все, — сказал Бульба, — все, сколько ни есть, берите, что у кого есть: ковш или черпак, которым поит коня, рукавицу или шапку, а коли что, то и просто подставляй обе горсти.

И казаки все, сколько ни было, брали, у кого был ковш, у кого черпак, которым поил коня, у кого рукавица, у кого шапка, а кто подставлял и так обе горсти. Всем им слуги Тарасовы, расхаживая промеж рядами, наливали из баклаг и бочонков. Но не приказал Тарас пить, пока не даст знака, чтобы выпить им всем разом. Видно было, что он хотел что-то сказать. Знал Тарас, что как ни сильно само по себе старое доброе вино и как ни способно оно укрепить дух человека, но если к нему да присоединится еще приличное слово, то вдвое крепче будет сила и вина и духа.

— Я угощаю вас, паны-братья, — так сказал Бульба, — не в честь того, что вы сделали меня своим атаманом, как ни велика подобная честь, не в честь также прощанья с нашими товарищами: нет, в другое время прилично то и другое; не такая теперь перед нами минута. Перед нами дело великого поту, великой казацкой доблести! Итак, выпьем, товарищи, разом, выпьем наперед всего за святую православную веру, чтобы пришло наконец такое время, чтоб по всему свету разошлась и везде была бы одна святая вера, и все, сколько ни есть бусурманов, все бы сделались христианами! Да за одним уже разом выпьем и за Сечь, чтобы долго она стояла на погибель всему бусурманству, чтобы с каждым годом выходили из нее молодцы один другого лучше, один другого краше. Да уже вместе выпьем и за нашу собственную славу, чтобы сказали внуки и сыны тех внуков, что были когда-то такие, которые не постыдили товарищества и не выдали своих. Так за веру, пане-братове, за веру.

— За веру! — загомонели все, стоявшие в ближних рядах, густыми голосами.

— За веру! — подхватили дальние — и все, что ни было, и старое и молодое, выпило за веру.

— За Сечь! — сказал Тарас и высоко поднял над головою руку.

— За Сечь! — отдалося густо в передних рядах.

— За Сечь! — сказали тихо старые, моргнувши седым усом; и, встрепенувшись, как молодые соколы, повторили молодые: — За Сечь!

И слышало далече поле, как поминали казаки свою Сечь.

— Теперь последний глоток, товарищи, за славу и всех христиан, какие живут на свете!

И все казаки, до последнего, выпили последний глоток за славу и всех христиан, какие ни есть на свете. И долго еще повторялось по всем рядам промеж всеми куренями:

— За всех христиан, какие ни есть на свете!

Уже пусто было в ковшах, а все еще стояли казаки, поднявши руки; хоть весело глядели очи их всех, просиявшие вином, но сильно задумались они. Не о корысти и военном прибытке теперь думали они, не о том, кому посчастливится набрать червонцев, дорогого оружья, шитых кафтанов и черкесских коней; но задумались они, как орлы, севшие на

94

вершинах каменистых гор, обрывистых, высоких гор, с которых далеко видно расстилающееся беспредельное море, усыпанное, как мелкими птицами, галерами, кораблями и всякими судами, огражденное по сторонам чуть видными тонкими поморьями, с прибрежными, как мошки, городами и склонившимися, как мелкая травка, лесами. Как орлы, озирали они вокруг себя очами все поле и чернеющую вдали судьбу свою. Будет, будет все поле с облогами[27] и дорогами покрыто их белыми торчащими костями, щедро обмывшись казацкою их кровью и покрывшись разбитыми возами, расколотыми саблями и копьями; далече раскинутся чубатые головы с перекрученными книзу усами; будут орлы, налетев, выдирать и выдергивать из них казацкие очи. Но добро великое в таком широко и вольно разметавшемся смертном ночлеге! не погибнет ни одно великодушное дело, и не пропадет, как малая порошинка с ружейного дула, казацкая слава. Будет, будет бандурист с седою по грудь бородою, а может быть, полный зрелого мужества, но белоголовый старец, вещий духом, и скажет он про них свое густое, могучее слово. И пойдет дыбом по всему свету о них слава, и все, что ни народится потом, заговорит о них; ибо далеко разносится могучее слово, будучи подобно гудящей колокольной меди, в которую мастер много повергнул дорогого чистого серебра, чтобы далече по городам, лачугам, палатам и весям разносился красный звон, сзывая равно всех на святую молитву.

---

27 . облога - целина, пустошь.

IX

В городе не узнал никто, что половина запорожцев выступила в погоню за татарами. С магистратской башни приметили только часовые, что потянулась часть возов за лес; но подумали, что казаки готовились сделать засаду; то же думал и французский инженер; а между тем слова кошевого не прошли даром, и в городе оказался недостаток в съестных припасах: по обычаю прошедших веков, войска не разочли, сколько им было нужно. Попробовали сделать вылазку, но половина смельчаков была тут же перебита казаками, а половина прогнана в город ни с чем. Жиды, однако же, воспользовались вылазкою и пронюхали все: куда и зачем отправились запорожцы, и с какими военачальниками, и какие именно курени, и сколько их числом, и сколько было оставшихся на месте, и что они думают делать, — словом, чрез несколько уже минут в городе все узнали. Полковники ободрились и готовились дать сражение. Тарас уже видел то по движенью и шуму в городе и расторопно хлопотал, строил, раздавал приказы и наказы, уставил в три табора курени, обнесши их возами в виде крепостей, — род битвы, в которой бывали непобедимы запорожцы; двум куреням повелел забраться в засаду; убил часть поля острыми кольями, изломанным оружием, обломками копьев, чтобы при случае загнать туда неприятельскую конницу. И когда все было сделано как нужно, сказал речь казакам, не для того, чтобы ободрить и освежить их, — знал, что и без того крепки они духом, — а просто самому хотелось высказать все, что было на сердце.

— Хочется мне вам сказать, панове, что такое есть наше товарищество. Вы слышали от отцов и дедов, в какой чести у всех была земля наша: и грекам дала знать себя, и с Царьграда брала червонцы, и города были пышные, и храмы, и князья, князья русского рода, свои князья, а не католические

96

недоверки. Все взяли бусурманы, все пропало; только остались мы, сирые, да, как вдовица после крепкого мужа, сирая, так же как и мы, земля наша! Вот в какое время подали мы, товарищи, руку на братство; вот на чем стоит наше товарищество! нет уз святее товарищества! Отец любит свое дитя, мать любит свое дитя, дитя любит отца и мать; но это не то, братцы: любит и зверь свое дитя! но породниться родством по душе, а не по крови, может один только человек. Бывали и в других землях товарищи, но таких, как в Русской земле, не было таких товарищей. Вам случалось не одному помногу пропадать на чужбине; видишь — и там люди! также Божий человек, и разговоришься с ним, как с своим; а как дойдет до того, чтобы поведать сердечное слово, — видишь: нет! умные люди, да не те; такие же люди, да не те! нет, братцы; так любить, как русская душа, любить не то чтобы умом или чем другим, а всем, чем дал Бог, что ни есть в тебе, а!.. — сказал Тарас, и махнул рукой, и потряс седою головою, и усом моргнул, и сказал: — Нет, так любить никто не может! Знаю, подло завелось теперь в земле нашей: думают только, чтобы при них были хлебные стоги, скирды, да конные табуны их, да были бы целы в погребах запечатанные меды их; перенимают черт знает какие бусурманские обычаи; гнушаются языком своим; свой с своим не хочет говорить; свой своего продает, как продают бездушную тварь на торговом рынке. Милость чужого короля, да и не короля, а паскудная милость польского магната, который желтым чеботом своим бьет их в морду, дороже для них всякого братства; но у последнего подлюки, каков он ни есть, хоть весь извалялся он в саже и в поклонничестве, есть и у того, братцы, крупица русского чувства; и проснется он когда-нибудь, и ударится он, горемычный, об полы руками; схватит себя за голову, проклявши громко подлую жизнь свою, готовый муками искупить позорное дело. Пусть же знают они все, что такое значит в Русской земле товарищество. Уже если на то пошло, чтобы умирать, так никому ж из них не доведется так умирать! никому, никому! не хватит у них на то мышиной натуры их!

Так говорил атаман и, когда кончил речь, все еще потрясал посеребрившеюся в казацких делах головою; всех, кто ни стоял, разобрала сильно такая речь, дошед далеко, до самого сердца; самые старейшие в рядах стали неподвижны, потупив седые головы в землю; слеза тихо накатывалась в старых очах; медленно отирали они ее рукавом, и потом все, как будто сговорившись, махнули в одно время рукою и потрясли бывалыми головами. Знать, видно, много напомнил им старый Тарас знакомого и лучшего, что бывает на сердце у человека, умудренного горем, трудом, удалью и всяким невзгодьем жизни, или хотя и не познавшего их, но много почуявшего молодою жемчужною душою на вечную радость старцам родителям, родившим их.

А из города уже выступало неприятельское войско, гремя в литавры и трубы, и, подбоченившись, выезжали паны, окруженные несметными слугами. Толстый полковник отдавал приказы. И стали наступать они быстро на казацкие таборы, грозя, нацеливаясь пищалями, сверкая очами и блеща медными доспехами. Как только увидели казаки, что подошли они на ружейный выстрел, все разом грянули в семипядные пищали, и, не прерывая, все палили из пищалей. Далеко понеслось громкое хлопанье по всем окрестным полям и нивам, сливаясь в беспрерывный гул; дымом затянуло все поле; а запорожцы все палили, не переводя духу: задние только заряжали да передавали передним, наводя изумление на неприятеля, не могшего понять, как стреляли казаки, не заряжая ружей. Уже не видно было за великим дымом, обнявшим то и другое воинство, не видно было, как то одного, то другого не ставало в рядах; но чувствовали ляхи, что густо летели пули и жарко становилось дело; и когда попятились назад, чтобы посторониться от дыму и оглядеться, то многих недосчитались в рядах своих; а у казаков, может быть, другой-третий был убит на всю сотню. И все продолжали палить казаки из пищалей, ни на минуту не давая промежутка. Сам иноземный инженер подивился такой, никогда им не виданной тактике, сказавши тут же, при всех: «Вот бравые молодцы-запорожцы! вот как нужно биться и другим в других землях!» И дал совет поворотить тут же на табор пушки. Тяжело рев-нули широкими горлами чугунные пушки; дрогнула, далеко загудевши, земля, и вдвое больше затянуло дымом все поле. Почуяли запах пороха среди площадей и улиц в дальних и ближних городах. Но целившие взяли слишком высоко, раскаленные ядра выгнули слишком высокую дугу; страшно завизжав по воздуху, перелетели они через головы всего табора и углубились далеко в землю, взорвав и взметнув высоко на воздух черную землю. Ухватил себя за волосы французский инженер при виде такого неискусства и сам принялся наводить пушки, не глядя на то, что жарили и сыпали пулями беспрерывно казаки.

Тарас видел еще издали, что беда будет всему Незамайковскому и Стебликивскому куреню, и вскрикнул зычно: «Выбирайтесь скорей из-за возов, и садись всякий на коня!» Но не поспели бы сделать то и другое казаки, если бы Остап не ударил в самую середину: выбил фитили у шести пушкарей; у четырех только не мог выбить: отогнали его назад ляхи. А тем временем иноземный капитан сам взял в руку фитиль, чтобы выпалить из величайшей пушки, какой никто из казаков не видывал дотоле. Страшно глядела она широкою пастью, и тысяча смертей глядело оттуда. И как грянула она, а за нею следом три другие, четырекратно потрясши глухо-ответную землю, — много нанесли они горя! Не по одному казаку взрыдает старая мать, ударяя себя костистыми руками в дряхлые перси; не одна останется вдова в Глухове, Немирове, Чернигове и других городах. Будет, сердечная, выбегать всякий день на базар, хватаясь за всех проходящих, распознавая каждого из них в очи, нет ли между них одного, милейшего всех: но много пройдет через город всякого войска, и вечно не будет между ними одного, милейшего всех.

Так, как будто и не бывало половины Незамайковского куреня! как градом выбивает вдруг всю ниву, где, что полновесный червонец, красуется всякий колос, так их выбило и положило.

Как же вскинулись казаки! как схватились все! как закипел куренной атаман Кукубенко, увидевши, что лучшей половины куреня его нет! Вбился он с остальными своими незамайковцами в самую средину, в гневе иссек в капусту первого попавшегося, многих конников сбил с коня, доставши копьем и конника и коня, пробрался к пушкарям и уже отбил одну пушку; а уж там, видит, хлопочет уманский куренной атаман и Степан Гуска уже отбил главную пушку. Оставил он тех казаков и поворотил с своими в другую неприятельскую гущу: так, где прошли незамайковцы — так там и улица! где поворотили — так уж там и переулок! Так и видно, как редели ряды и снопами валились ляхи! А у самых возов Вовтузенко, а спереди Черевиченко, а у дальних возов Дёгтяренко, а за ним куренной атаман Вертыхвист. Двух уже шляхтичей поднял на копье Дёгтяренко, да напал наконец на неподатливого третьего. Увертлив и крепок был лях, пышной сбруей украшен и пятьдесят одних слуг привел с собою. Погнул он крепко Дёгтяренка, сбил его на землю и уже, замахнувшись на него саблей, кричал:

— Нет из вас, собак-казаков, ни одного, кто бы посмел противустать мне!

— А вот есть же! — сказал и выступил вперед Мосий Шило. Сильный был он казак, не раз атаманствовал на море и много натерпелся всяких бед. Схватили их турки у самого Трапезонта и всех забрали невольниками на галеры, взяли их по рукам и ногам в железные цепи, не давали по целым неделям пшена и поили противной морскою водою. Все вынесли и вытерпели бедные невольники, лишь бы не переменять православной веры. Не вытерпел атаман Мосий Шило, истоптал ногами святой закон, скверною чалмой обвил грешную голову, вошел в доверенность к паше, стал ключником на корабле и старшим над всеми невольниками. Много опечалились оттого бедные невольники; ибо знали, что если свой продаст веру и пристанет к угнетателям, то тяжелей и горше быть под его рукой: так и сбылось. Всех посадил Мосий Шило в новые цепи по три в ряд, прикрутил им до самых белых костей жесткие веревки; всех перебил по шеям, угощая подзатыльниками. И когда турки, обрадовавшись, что достали себе такого слугу, стали пировать и, позабыв закон свой, все перепились, он принес все шестьдесят четыре ключа и роздал невольникам, чтобы отмыкали себя, бросали бы цепи и кандалы в море, а брали бы наместо того сабли да рубили турков. Много тогда набрали казаки добычи и воротились со славою в отчизну, и долго бандуристы прославляли Мосия Шила. Выбрали бы его в кошевые, да был совсем чудной казак. Иной раз повершал такое дело, какого и мудрейшему не придумать, а в другой просто дурь одолевала казака. Пропил и прогулял все, всем задолжал на Сече и, в прибавку к тому, прокрался, как уличный вор: ночью утащил из чужого куреня всю казацкую сбрую и заложил шинкарю. За такое позорное дело привязали его на базаре к столбу и положили возле дубину, чтобы всякий по мере сил своих отвесил ему по удару; но не нашлось такого из всех запорожцев, кто бы поднял на него дубину, помня прежние его заслуги. Таков был казак Мосий Шило.

«Так есть же такие, которые бьют вас, собак!» — сказал он, кинувшись на него. И уже там-то рубились они! и наплечники и зерцала погнулись у обоих от ударов. Разрубил на нем вражий лях железную рубашку, достав лезвеем самого тела: зачервонила казацкая рубашка; но не поглядел на то Шило, а замахнулся всей жилистой рукою (тяжела была коренастая рука) и оглушил его внезапно по голове. Разлетелась медная шапка, зашатался и грянулся лях; а Шило принялся рубить и крестить оглушенного. Не добивай, казак, врага, а лучше поворотись назад! Не поворотился казак назад, и тут же один из слуг убитого хватил его ножом в шею. Поворотился Шило и уже достал бы смельчака, но он пропал в пороховом дыме. Со всех сторон поднялось хлопанье из самопалов. Пошатнулся Шило и почуял, что рана была смертельна. Упал он, наложил руку на свою рану и сказал, оборотившись к товарищам: «Прощайте, паны-братья, товарищи! пусть же стоит на вечные времена православная Русская земля и будет ей вечная честь!» И зажмурил ослабшие свои очи, и вынеслась казацкая душа из сурового тела. А там уже выезжал Задорожний с своими, ломил ряды куренной Вертыхвист и выступал Балабан.

— А что, паны, — сказал Тарас, перекликнувшись с куренными, — есть еще порох в пороховницах? не ослабела ли казацкая сила? не гнутся ли казаки?

— Есть еще, батько, порох в пороховницах; не ослабела еще казацкая сила; еще не гнутся казаки!

И наперли сильно казаки: совсем смешали все ряды. Низкорослый полковник ударил сбор и велел выкинуть восемь малеванных знамен, чтобы собрать своих, рассыпавшихся далеко по всему полю. Все бежали ляхи к знаменам; но не успели они еще выстроиться, как уже куренной атаман Кукубенко ударил вновь с своими незамайковцами в средину и напал прямо на толстопузого полковника. Не выдержал полковник и, поворотив коня, пустился вскачь; а Кукубенко далеко гнал его через все поле, не дав ему соединиться с полком. Завидев то с бокового куреня, Степан Гуска пустился за ним в погоню, с арканом в руке, пригнувши голову к лошадиной шее, и, улучивши время, с одного раза накинул аркан ему на шею: весь побагровел полковник, ухватясь за веревку обеими руками и силясь разорвать ее; но уже дюжий размах вогнал ему в самый живот гибельную пику. Там и остался он, пригвожденный к земле. Но не сдобровать и Гуске! Не успели оглянуться казаки, как уже увидели Степана Гуску, поднятого на четыре копья. Только и успел сказать бедняк: «Пусть же пропадут все враги и ликует вечные веки Русская земля!» И там же испустил дух свой.

Оглянулись казаки, а уж там, сбоку, казак Метелыця угощает ляхов, шеломя того и другого; а уж там, с другого, напирает с своими атаман Невылычкий; а у возов ворочает врага и бьет Закрутыгуба; а у дальних возов третий Писаренко отогнал уже целую ватагу; а уж там, у других возов, схватились и бьются на самых возах.

— Что, паны! — перекликнулся атаман Тарас, проехавши впереди всех, — есть ли еще порох в пороховницах? крепка ли еще казацкая сила? не гнутся ли уже казаки?

— Есть еще, батько, порох в пороховницах; еще крепка казацкая сила; еще не гнутся казаки!

А уж упал с воза Бовдюг; прямо под самое сердце пришлась ему пуля; но собрал старый весь дух свой и сказал: «Не жаль расстаться с светом! дай Бог и всякому такой кончины! пусть же славится до конца века Русская земля!» И понеслась к вышинам Бовдюгова душа рассказать давно отшедшим старцам, как умеют биться на Русской земле и, еще лучше того, как умеют умирать в ней за святую веру.

Балабан, куренной атаман, скоро после того грянулся также на землю. Три смертельные раны достались ему от копья, от пули и от тяжелого палаша; а был один из доблестнейших казаков, много совершил он под своим атаманством морских походов; но славнее всех был поход к анатольским берегам. Много набрали они тогда цехинов, дорогой турецкой габы, киндяков[28] и всяких убранств. Но мыкнули горе на обратном пути: попались, сердечные, под турецкие ядра. Как хватило их с корабля — половина челнов закружилась и перевернулась, потопивши не одного в воде; но привязанные к бокам камыши спасли челны от потопления. Балабан отплыл на всех веслах, стал прямо к солнцу и чрез то сделался невиден турецкому кораблю. Всю ночь потом черпаками и шапками выбирали они воду, чиня пробитые места; из казацких штанов нарезали парусов, понеслись и убежали от быстрейшего турецкого корабля. И мало того, что прибыли безбедно на Сечь, привезли еще златошвейную ризу архимандриту Межигорского киевского монастыря и на Покров, что на Запорожье, оклад из чистого серебра. И славили долго потом бандуристы удачливость казаков. Поникнул он теперь головою, почуяв предсмертные муки, и тихо сказал: «Сдается мне, паныбраты, умираю хорошею смертью: семерых изрубил, девятерых копьем исколол, истоптал конем вдоволь, а уж не припомню, скольких достал пулею. Пусть же цветет вечно Русская земля!» И отлетела его душа.

Казаки, казаки! не выдавайте лучшего цвета вашего войска! Уже обступили Кукубенка, уже семь человек только осталось изо всего Незамайковского куреня, уже и те отбиваются через силу; уже окровавилась на нем одежда. Сам Тарас, увидя беду его, поспешил на выручку. Но поздно подоспели казаки: уже успело ему углубиться под сердце копье прежде, чем были отогнаны обступившие его враги. Тихо склонился он на руки подхвативших его казаков, и хлынула ручьем молодая кровь, подобно дорогому вину, которое несли в стеклянном сосуде из погреба неосторожные слуги и, поскользнувшись тут же у входа, разбили дорогую сулею; разлилось на землю вино, и схватил себя за голову

---

28 . киндяк - ткань.

прибежавший хозяин, сберегавший его про лучший случай жизни, чтобы, если приведет Бог, на старости лет встретиться с товарищем юности, то чтобы помянуть бы вместе с ним прежнее, иное время, когда иначе и лучше веселился человек. Повел Кукубенко вокруг себя очами и проговорил: «Благодарю Бога, что довелось мне умереть при глазах ваших, товарищи! пусть же после нас живут лучше, чем мы, и красуется вечно любимая Христом Русская земля!» И вылетела молодая душа. Подняли ее ангелы под руки и понесли к небесам; хорошо будет ему там. «Садись, Кукубенко, одесную меня! — скажет ему Христос. — Ты не изменил товариществу, бесчестного дела не сделал, не выдал в беде человека, хранил и сберегал Мою Церковь». Всех опечалила смерть Кукубенка. Уже редели сильно казацкие ряды; многих храбрых недосчитывались; но стояли и держались еще казаки.

— А что, паны! — перекликнулся Тарас с оставшимися куренями, — есть ли еще порох в пороховницах? не иступились ли сабли? не утомилась ли казацкая сила? не погнулись ли казаки?

— Достанет еще, батько, пороху; годятся еще сабли; не утомилась казацкая сила; не погнулись еще казаки!

И рванулись снова казаки так, как бы и потерь никаких не понесли. Уже три только куренных атамана осталось в живых; червонели уже всюду красные реки; высоко гатились мосты из казацких и вражьих тел. Взглянул Тарас на небо, а уж по небу потянулась вереница кречетов. Ну, будет кому-то пожива! А уж там подняли на копье Метелицу; уже голова другого Писаренка, завертевшись, захлопала очами; уже подломился и бухнулся о землю начетверо изрубленный Охрим Гуска. «Ну!» — сказал Тарас и махнул платком. Понял тот знак Остап и ударил сильно, вырвавшись из засады, в конницу. Не выдержали сильного напора ляхи, а он их гнал и нагнал прямо на место, где были вбиты в землю колья и обломки копьев. Пошли спотыкаться и падать кони и лететь чрез их головы ляхи. А в это время корсунцы, стоявшие последние за возами, увидели, что уже достанет ружейная пуля, грянули вдруг из самопалов. Все сбились и растерялись ляхи, и приободрились казаки.

— Вот и наша победа! — раздались со всех сторон запорожские голоса, затрубили в трубы и выкинули победную хоругвь. Везде бежали и крылись разбитые ляхи.

— Ну, нет, еще не совсем победа! — сказал Тарас, глядя на городские ворота, и сказал он правду.

Отворились ворота, и вылетел оттуда гусарский полк, краса всех конных полков. Под всеми всадниками были все как один бурые аргамаки; впереди других понесся витязь всех бойче, всех красивее; так и летели черные волосы из-под медной его шапки; вился завязанный на руке дорогой шарф, шитый руками первой красавицы. Так и оторопел Тарас, когда увидел, что это был Андрий. А он между тем, объятый пылом и жаром битвы, жадный заслужить навязанный на руку подарок, понесся, как молодой борзой пес, красивейший, быстрейший и младший всех в стае. Атукнул на него опытный охотник — и он понесся, пустив прямой чертой по воздуху свои ноги, весь покосившись набок всем телом, взрывая снег и десять раз выпереживая самого зайца в жару своего бега. Остановился старый Тарас и глядел на то, как он чистил перед собою дорогу, разгонял, рубил и сыпал удары направо и налево. Не вытерпел Тарас и закричал: «Как? своих? своих? чертов сын, своих бьешь?» Но Андрий не различал, кто перед ним был, свои или другие какие: ничего не видел он. Кудри, кудри он видел, длинные, длинные кудри, и подобну речному лебедю грудь, и снежную шею, и плечи, и все, что создано для безумных поцелуев.

«Эй хлопьята! заманите мне только его к лесу, заманите мне только его!» — кричал Тарас. И вызвалось тот же час тридцать быстрейших казаков заманить его. И, поправив на себе высокие шапки, тут же пустились на конях прямо наперерез гусарам. Ударили сбоку на передних, сбили их, отделили от задних, дали по гостинцу тому и другому, а Голокопытенко хватил плашмя по спине Андрия, и в тот же час пустились бежать от них, сколько достало казацкой мочи. Как вскинулся Андрий! как забунтовала по всем жилкам молодая кровь! Ударив острыми шпорами коня, во весь дух полетел он за казаками, не глядя назад, не видя, что позади только всего двадцать человек поспевало за ним; а казаки летели во всю прыть на конях и прямо поворотили к лесу. Разогнался на коне Андрий и чуть было уже не настигнул Голокопытенка, как вдруг чья-то сильная рука ухватила за повод его коня. Оглянулся Андрий: перед ним Тарас! Затрясся он всем телом и вдруг стал бледен, как школьник, неосторожно задравший своего товарища и получивший за то от него удар линейкою по лбу, вспыхивает, как огонь, бешеный вскакивает с лавки и гонится за испуганным товарищем своим, готовый разорвать его на части, и вдруг наталкивается на входящего в класс учителя: вмиг притихает бешеный порыв и упадает бессильная ярость. Подобно тому, в один миг пропал, как бы не бывал вовсе, гнев Андрия. И видел он перед собою одного только страшного отца.

— Ну, что ж теперь мы будем делать? — сказал Тарас, смотря прямо ему в очи.

Но ничего не мог на то сказать Андрий и стоял, потупивши в землю очи.

— Что, сынку! помогли тебе твои ляхи?

Андрей был безответен.

— Так продать? продать веру? продать своих? Стой же, слезай с коня!

Покорно, как ребенок, слез он с коня и остановился ни жив ни мертв перед Тарасом.

— Стой и не шевелись! Я тебя породил, я тебя и убью! — сказал Тарас и, отступивши шаг назад, снял с плеча ружье.

Бледен как полотно был Андрий; видно было, как тихо шевелились уста его и как он произносил чье-то имя; но это не было имя отчизны, или матери, или братьев — это было имя прекрасной полячки. Тарас выстрелил.

Как хлебный колос, подрезанный серпом, как молодой барашек, почуявший под сердцем смертельное железо, повис он головой и повалился на траву, не сказавши ни одного слова.

Остановился сыноубийца и глядел долго на бездыханный труп. Он был и мертвый прекрасен: мужественное лицо его, недавно исполненное силы и непобедимого для жен очарованья, все еще выражало чудную красоту; черные брови, как траурный бархат, оттеняли его побледневшие черты.

— Чем бы не казак? — сказал Тарас, — и станом высокий, и чернобровый, и лицо как у дворянина, и рука была крепка в бою! Пропал! пропал бесславно, как подлая собака!

— Батько, что ты сделал? это ты убил его? — сказал подъехавший в это время Остап.

Тарас кивнул головою.

Пристально поглядел мертвому в очи Остап. Жалко ему стало брата, и проговорил он тут же:

— Предадим же, батько, его честно земле, чтобы не наругались над ним враги и не растаскали бы его тела хищные птицы.

— Погребут его и без нас! — сказал Тарас, — будут у него плакальщики и утешницы!

И минуты две думал он: кинуть ли его на расхищенье волкам-сыромахам, или пощадить в нем рыцарскую доблесть, которую храбрый должен уважать в ком бы то ни было. Как видит, — скачет к нему на коне Голокопытенко.

— Беда, атаман, окрепли ляхи, прибыла на подмогу свежая сила!

Не успел сказать Голокопытенко, скачет Вовтузенко.

— Беда, атаман, новая валит еще сила!

Не успел сказать Вовтузенко, Писаренко бежит бегом, уже без коня.

— Где ты, батько, ищут тебя казаки. Уж убит куренной атаман Невылычкий, Задорожний убит, Черевиченко убит; но стоят казаки, не хотят умирать, не увидев тебя в очи, хотят, чтобы взглянул ты на них перед смертным часом!

— На коня, Остап! — сказал Тарас и спешил, чтобы застать еще казаков, чтобы наглядеться еще на них и чтобы они взглянули перед смертью на своего атамана.

Но не выехали они еще из лесу, а уж неприятельская сила окружила со всех сторон лес, и между деревьями везде показались всадники с саблями и копьями. «Остап, Остап! не поддавайся!» — кричал Тарас, а сам, схвативши саблю наголо, начал честить первых попавшихся на все боки. А на Остапа уже наскочило вдруг шестеро; но не в добрый час, видно, наскочило: с одного полетела голова, другой перевернулся, отступивши; угодило копьем в ребро третьего; четвертый был поотважней, уклонился головой от пули, и попала в конскую грудь горячая пуля, — вздыбил бешеный конь, грянулся о землю и задавил под собою всадника. «Добре, сынку! добре, Остап! — кричал Тарас, — вот я следом за тобою!» А сам все отбивался от наступавших. Рубится и бьется Тарас, сыплет гостинцы тому и другому на голову, а сам глядит все вперед на Остапа и видит, что уже вновь схватилось с Остапом мало не восьмеро разом. «Остап, Остап! не поддавайся» Но уже одолевают Остапа; уже один накинул ему на шею аркан, уже вяжут, уже берут Остапа. «Эх, Остап, Остап! — кричал Тарас, пробиваясь к нему, рубя в капусту встречных и поперечных. — Эх, Остап, Остап!..» Но как тяжелым камнем хватило его самого в ту же минуту: все закружилось и перевернулось в глазах его. На миг смешанно сверкнули перед ним головы, копья, дым, блески огня, сучья с древесными листьями. И грохнулся он, как подрубленный дуб, на землю. И туман покрыл его очи.

X

— Долго же я спал! — сказал Тарас, очнувшись, как после трудного хмельного сна, и стараясь распознать окружающие его предметы. Страшная слабость одолевала его члены. Едва метались перед ним стены и углы незнакомой светлицы. Наконец заметил он, что пред ним сидел Товкач и, казалось, прислушивался ко всякому его дыханью.

«Да, — подумал про себя Товкач, — заснул бы ты, может быть, и навеки!» Но ничего не сказал, погрозил пальцем и дал знак молчать.

— Да скажи же мне, где я теперь? — спросил опять Тарас, напрягая ум и стараясь припомнить бывшее.

— Молчи ж! — прикрикнул сурово на него товарищ. — Чего тебе еще хочется знать? разве ты не видишь, что весь изрублен. Уж две недели как мы с тобою скачем не переводя духу и как ты в горячке и жару несешь и городишь чепуху. Вот в первый раз заснул спокойно. Молчи ж, если не хочешь нанести сам себе беды.

Но Тарас все старался и силился собрать свои мысли и припомнить бывшее.

— Да ведь меня же схватили и окружили было совсем ляхи? мне ж не было никакой возможности выбиться из толпы?

— Молчи ж, говорят тебе, чертова детина! — вскричал Товкач сердито, как нянька, выведенная из терпенья, кричит неугомонному повесе ребенку. — Что пользы знать тебе, как выбрался? довольно того, что выбрался. Нашлись люди, которые тебя не выдали, — ну, и будет с тебя! Нам еще немало ночей скакать вместе! Ты думаешь, что пошел за простого казака? нет, твою голову оценили в две тысячи червонных.

— А Остап? — вскричал вдруг Тарас, понатужился

приподняться и вдруг вспомнил, как Остапа схватили и связали в глазах его и что он теперь уже в ляшских руках.

И обняло горе старую голову. Сорвал и сдернул он все перевязки ран своих; бросил их далеко прочь; хотел громко что-то сказать — и вместо того понес чепуху: жар и бред вновь овладели им, и понеслись без толку и связи безумные речи.

А между тем верный товарищ стоял пред ним, бранясь и рассыпая без счету жестокие укорительные слова и упреки. Наконец схватил он его за ноги и руки, спеленал, как ребенка, поправил все перевязки, увернул его в воловью кожу, увязал в лубки и, прикрепивши веревками к седлу, помчался вновь с ним в дорогу.

— Хотя не живого, да довезу тебя! не попущу, чтобы ляхи поглумились над твоей казацкою породою, на куски рвали бы твое тело да бросали бы в воду. Пусть же хотя и будет орел выклевывать из твоего лба очи, да пусть же степовой наш орел, а не ляшский, не тот, что прилетает из польской земли. Хоть не живого, а довезу тебя до Украины!

Так говорил верный товарищ; скакал без отдыха дни и ночи и привез его, бесчувственного, в самую Запорожскую Сечь. Там принялся он лечить его неутомимо травами и смачиваниями; нашел какую-то знающую жидовку, которая месяц поила его разными снадобьями, и наконец Тарасу стало лучше. Лекарство ли, или своя железная сила взяла верх, только он через полтора месяца стал на ноги; раны зажили, и только одни сабельные рубцы давали знать, как глубоко когда-то был ранен старый казак. Однако же заметно стал он пасмурен и печален. Три тяжелые морщины насунулись на лоб его и уже больше никогда не сходили с него. Оглянулся он теперь вокруг себя: все новое на Сече, все перемерли старые товарищи. Ни одного из тех, которые стояли за правое дело, за веру и братство. И те, которые отправились с кошевым в угон за татарами, и тех уже не было давно: все положили головы, все сгибли; кто положил в самом бою честную голову; кто от безводья и бесхлебья среди крымских солончаков; кто в плену пропал, не вынесши позора; и самого прежнего кошевого уже давно не было на свете, и никого из старых товарищей, и уже поросла травою когда-то кипевшая казацкая сила. Слышал он только, что был пир, сильный, шумный пир; вся перебита вдребезги посуда; нигде не осталось вина ни капли, расхитили гости и слуги все дорогие кубки и сосуды, — и смутный стоит хозяин дома, думая: «Лучше б и не было того пира». Напрасно старались занять и развеселить Тараса; напрасно бородатые, седые бандуристы, проходя по два и по три, расславляли его казацкие подвиги — сурово и равнодушно глядел он на все, и на неподвижном лице его выступала неугасимая горесть, и тихо, понурив голову, говорил он: «сын мой, Остап мой!»

Запорожцы собирались на морскую экспедицию. Двести челнов спущены были в Днепр, и Малая Азия видела их, с бритыми головами и длинными чубами, предававшими мечу и огню цветущие берега ее; видела чалмы своих магометанских обитателей раскиданными, подобно ее бесчисленным цветам, на смоченных кровию полях и плававшими у берегов. Она видела немало запачканных дегтем запорожских шаровар, мускулистых рук с черными нагайками. Запорожцы переели и переломали весь виноград; в мечетях оставили целые кучи навозу; персидские дорогие шали употребляли вместо очкуров и опоясывали ими запачканные свитки. Долго еще после находили в тех местах запорожские коротенькие люльки. Они весело плыли назад; за ними гнался десятипушечный турецкий корабль и залпом из всех орудий своих разогнал, как птиц, утлые их челны. Третья часть их потонула в морских глубинах; но остальные снова собрались вместе и прибыли к устью Днепра с двенадцатью бочонками, набитыми цехинами.

Но все это уже не занимало Тараса. Он уходил в луга и

степи, будто бы за охотою; но заряд его оставался невыстреленным; и, положив ружье, полный тоски, садился он на морской берег. Долго сидел он там, понурив голову и все говоря: «Остап мой, Остап мой!» Перед ним сверкало и расстилалось Черное море; в дальнем тростнике кричала чайка; белый ус его серебрился, и слеза капала одна за другою.

И не выдержал наконец Тарас. «Что бы ни было, пойду разведать, что он? жив ли он? в могиле? или уже и в самой могиле нет его? Разведаю во что бы ни стало!»

И через неделю уже очутился он в городе Умани, вооруженный, на коне, с копьем, саблей, дорожной баклагой у седла, походным горшком с саламатой, пороховыми патронами, лошадиными путами и прочим снарядом. Он прямо подъехал к нечистому, запачканному домишку, у которого небольшие окошки едва были видны, закопченные неизвестно чем; труба заткнута была тряпкою, и дырявая крыша вся была покрыта воробьями; куча всякого сору лежала пред самыми дверьми. Из окна выглядывала голова жидовки, в чепце с потемневшими жемчугами.

— Муж дома? — сказал Бульба, слезая с коня и привязывая повод к железному крючку, бывшему у самых дверей.

— Дома, — сказала жидовка и поспешила тот же час выйти с пшеницей в корчике[29] для коня и стопой пива для рыцаря.

— Где же твой жид?

— Он в другой светлице, молится, — проговорила жидовка, кланяясь и пожелав здоровья в то время, когда Бульба поднес к губам стопу.

— Оставайся здесь, накорми и напой моего коня, а я пойду поговорю с ним одним. У меня до него дело.

---

29 . корчик - ковш.

Этот жид был известный Янкель. Он уже очутился тут арендатором и корчмарем; прибрал понемногу всех окружных панов и шляхтичей в свои руки, высосал понемногу почти все деньги и сильно означил свое жидовское присутствие в той стороне. На расстоянии трех миль во все стороны не оставалось ни одной избы в порядке: все валилось и дряхлело, все пораспивалось, и осталась бедность да лохмотья; как после пожара или чумы, выветрился весь край. И если бы десять лет еще пожил там Янкель, то он, вероятно, выветрил бы и все воеводство. Тарас вошел в светлицу. Жид молился, накрывшись своим довольно запачканным саваном, и оборотился, чтобы в последний раз плюнуть, по обычаю своей веры, как вдруг глаза его встретили стоявшего назади Бульбу. Так и бросились жиду прежде всего в глаза две тысячи червонных, которые были обещаны за его голову; но он постыдился своей корысти и силился подавить в себе вечную мысль о золоте, которая, как червь, обвивает душу жида.

— Слушай, Янкель! — сказал Тарас жиду, который начал перед ним кланяться и запер осторожно дверь, чтобы их не видели, — я спас твою жизнь, — тебя бы разорвали, как собаку, запорожцы — теперь твоя очередь, теперь сделай мне услугу!

Лицо жида несколько поморщилось.

— Какую услугу? если такая услуга, что можно сделать, то для чего не сделать?

— Не говори ничего. Вези меня в Варшаву.

— В Варшаву? как в Варшаву? — сказал Янкель; брови и плеча его поднялись вверх от изумления.

— Не говори мне ничего. Вези меня в Варшаву. Что бы ни было, а я хочу еще раз увидеть его, сказать ему хоть одно слово.

— Кому сказать слово?

— Ему, Остапу, сыну моему.

— Разве пан не слышал, что уже...

— Знаю, знаю все: за мою голову дают две тысячи червонных. Знают же они, дурни, цену ей! Я тебе пять тысяч дам. Вот тебе две тысячи сейчас (Бульба высыпал из кожаного гамана[30] две тысячи червонных), а остальные — как ворочусь.

Жид тотчас схватил полотенце и накрыл им червонцы.

— Ай, славная монета! ай, добрая монета! — говорил он, вертя один червонец в руках и пробуя на зубах. — Я думаю, тот человек, у которого пан обобрал такие хорошие червонцы, и часу не прожил на свете, пошел тот же час в реку, да и утонул там после таких славных червонцев?

— Я бы не просил тебя; я бы сам, может быть, нашел дорогу в Варшаву; но меня могут как-нибудь узнать и захватить проклятые ляхи; ибо я не горазд на выдумки. А вы, жиды, на то уже и созданы. Вы хоть черта проведете; вы знаете все штуки: вот для чего я пришел к тебе! Да и в Варшаве я бы сам собою ничего не получил. Сейчас запрягай воз и вези меня!

— А пан думает, что так прямо взял кобылу, запряг, да и: — эй, ну пошел, сивка! — Думает пан, что можно так, как есть, не спрятавши, везти пана?

— Ну, так прячь, прячь, как знаешь; в порожнюю бочку, что ли?

— Ай, ай! а пан думает, разве можно спрятать его в бочку? Пан разве не знает, что всякий подумает, что в бочке горелка?

— Ну, так и пусть думает, что горелка.

— Как? пусть думает, что горелка? — сказал жид и схватил себя обеими руками за пейсики и потом поднял кверху обе руки.

— Ну, что ж ты так оторопел?

— А пан разве не знает, что Бог на то создал горелку, чтобы ее всякий пробовал? там все лакомки, ласуны: шляхтич

---

30 . гаман - кошелек, бумажник.

будет бежать верст пять за бочкой, продолбит как раз дырочку, тотчас увидит, что не течет, и скажет: «Жид не повезет порожнюю бочку, верно, тут есть что-нибудь! Схватить жида, связать жида, отобрать все деньги у жида, посадить в тюрьму жида!» Потому что все, что ни есть недоброго, все валится на жида; потому что жида всякий принимает за собаку; потому что думают, уж и не человек, коли жид!

— Ну, так положи меня в воз с рыбою!

— Не можно, пан, ей-Богу, не можно! по всей Польше люди голодны теперь, как собаки: и рыбу раскрадут, и пана нащупают.

— Так вези меня хоть на черте, только вези!

— Слушай, слушай, пан! — сказал жид, посунувши обшлага рукавов своих и подходя к нему с растопыренными руками, — вот что мы сделаем: теперь строят везде крепости и замки; из Неметчины приехали французские инженеры, а потому по дорогам везут много кирпичу и камней. Пан пусть ляжет на дне воза, а верх я закладу кирпичом. Пан здоровый и крепкий с виду, и потому ему ничего, коли будет тяжеленько; а я сделаю в возу снизу дырочку, чтобы кормить пана.

— Делай как хочешь, только вези!

И через час воз с кирпичом выехал из Умани, запряженный в две клячи. На одной из них сидел высокий Янкель, и длинные курчавые пейсики его развевались из-под жидовского яломка по мере того, как он подпрыгивал на лошади, длинный, как верста, поставленная на дороге.

XI

В то время, когда происходило описываемое событие, на пограничных местах не было еще никаких таможенных чиновников и объездчиков, этой страшной грозы предприимчивых людей, и потому всякий мог везти, что ему вздумалось. Если же кто и производил обыск и ревизовку, то делал это большею частию для своего собственного удовольствия, особливо если на возу находились заманчивые для глаз предметы и если его собственная рука имела порядочный вес и тяжесть. Но кирпич не находил охотников и въехал беспрепятственно в главные городские ворота. Бульба в своей тесной клетке мог только слышать шум, крики возниц и больше ничего. Янкель, подпрыгивая на своем коротком, запачканном пылью рысаке, поворотил, сделавши несколько кругов, в темную узенькую улицу, носившую название Грязной и вместе Жидовской, потому что здесь действительно находились жиды почти со всей Варшавы. Эта улица чрезвычайно походила на вывороченную внутренность заднего двора. Солнце, казалось, не заходило сюда вовсе. Совершенно почерневшие деревянные дома, со множеством протянутых из окон жердей, увеличивали еще более мрак. Изредка краснела между ними кирпичная стена, но и та уже во многих местах превращалась совершенно в черную. Иногда только вверху оштукатуренный кусок стены, обхваченный солнцем, блистал нестерпимою для глаз белизною. Тут все состояло из сильных резкостей: трубы, тряпки, шелуха, выброшенные разбитые чаны. Всякий, что только было у него негодного, швырял на улицу, доставляя прохожим возможные удобства питать все чувства свои этою дрянью. Сидящий на коне всадник чуть-чуть не доставал рукою жердей, протянутых через улицу из одного дома в другой, на которых висели жидовские чулки, коротенькие панталонцы и копченый гусь. Иногда довольно смазливенькое личико еврейки, убранное потемневшими бусами, выглядывало из ветхого окошка. Куча жиденков, запачканных, оборванных, с курчавыми волосами, кричала и валялась в грязи. Рыжий жид, с веснушками по всему лицу, делавшими его похожим

117

на воробьиное яйцо, выглянул из окна; тотчас заговорил с Янкелем на своем тарабарском наречии, и Янкель тотчас въехал в один двор. По улице шел другой жид, остановился, вступил тоже в разговор, и когда Бульба выкарабкался наконец из-под кирпича, он увидел трех жидов, говоривших с большим жаром.

Янкель обратился к нему и сказал, что все будет сделано, что его Остап сидит в городской темнице, и хотя трудно уговорить стражей, но, однако ж, он надеется доставить ему свидание.

Бульба вошел вместе с тремя жидами в комнату.

Жиды начали опять говорить между собою на своем непонятном языке. Тарас поглядывал на каждого из них. Что-то, казалось, сильно потрясло его: на грубом и равнодушном лице его вспыхнуло какое-то сокрушительное пламя надежды, надежды той, которая посещает иногда человека в последнем градусе отчаяния; старое сердце его начало сильно биться, как будто у юноши.

— Слушайте, жиды! — сказал он, и в словах его было что-то восторженное, — вы все на свете можете сделать, выкопаете хоть из дна морского, и пословица давно уже говорит, что жид самого себя украдет, когда только захочет украсть. Освободите мне моего Остапа! дайте случай убежать ему от дьявольских рук. Вот я этому человеку обещал двенадцать тысяч червонных, — я прибавляю еще двенадцать; все, какие у меня есть дорогие кубки и закопанное в земле золото, хату и последнюю одежду продам и заключу с вами контракт на всю жизнь, с тем чтобы все, что ни добуду на войне, делить с вами пополам!

— О, не можно, любезный пан, не можно! — сказал со вздохом Янкель.

— Нет, не можно! — сказал другой жид.

Все три жида взглянули один на другого.

— А попробовать? — сказал третий, боязливо поглядывая на двух других. — Может быть, Бог даст.

Все три жида заговорили по-немецки. Бульба, как ни наострял свой слух, ничего не мог отгадать; он слышал только часто произносимое слово «Мардохай», и больше ничего.

— Слушай, пан! — сказал Янкель, — нужно посоветоваться с таким человеком, какого еще никогда не было на свете; у-у! то такой мудрый, как Соломон, и когда он ничего не сделает, то уже никто на свете не сделает. Сиди тут! вот ключ! и не впускай никого!

Жиды вышли на улицу.

Тарас запер дверь и смотрел в маленькое окошко на этот грязный жидовский проспект. Три жида остановились посредине улицы и стали говорить довольно азартно; к ним присоединился скоро четвертый, наконец и пятый. Он слышал опять повторяемое: «Мардохай, Мардохай». Жиды беспрестанно посматривали в одну сторону улицы; наконец в конце ее из-за одного дрянного дома показалась нога в жидовском башмаке и замелькали фалды полукафтанья. «А, Мардохай! Мардохай!» — закричали все жиды в один голос. Тощий жид, несколько короче Янкеля, но гораздо более покрытый морщинами, с преогромною верхнею губою, приблизился к нетерпеливой толпе, и все жиды наперерыв спешили рассказывать ему, причем Мардохай несколько раз поглядывал на маленькое окошечко, и Тарас догадывался, что речь шла о нем. Мардохай размахивал руками, слушал, перебивал речь, часто плевал на сторону и, подымая фалды полукафтанья, засовывал в карман руку и вынимал какие-то побрякушки, причем показывал прескверные свои панталоны. Наконец все жиды подняли такой крик, что жид, стоявший на стороже, должен был давать знак к молчанию, и Тарас уже начал опасаться за свою безопасность, но, вспомнивши, что жиды не могут иначе рассуждать, как на улице и что их языка сам демон не поймет, он успокоился.

Минуты две спустя жиды вместе вошли в его комнату. Мардохай приблизился к Тарасу, потрепал его по плечу и сказал: «Когда мы захочем сделать, то уже будет так, как нужно».

Тарас поглядел на этого Соломона, какого еще не было на свете, и получил некоторую надежду. Действительно, вид его мог внушить некоторое доверие: верхняя губа у него была просто страшилище; толщина ее, без сомнения, увеличилась от посторонних причин. В бороде у этого Соломона было только пятнадцать волосков, и то на левой стороне. На лице у Соломона было столько знаков побоев, полученных за удальство, что он, без сомнения, давно потерял счет им и привык их считать за родимые пятна.

Мардохай ушел вместе с товарищами, исполненными удивления к его мудрости. Бульба остался один. Он был в странном, небывалом положении: он чувствовал в первый раз в жизни беспокойство. Душа его была в лихорадочном состоянии. Он не был тот прежний, непреклонный, неколебимый, крепкий как дуб; он был малодушен; он был теперь слаб. Он вздрагивал при каждом шорохе, при каждой новой жидовской фигуре, показывавшейся в конце улицы. В таком состоянии пробил он, наконец, весь день; не ел, не пил, и глаза его не отрывались ни на час от небольшого окошка на улицу. Наконец, уже ввечеру поздно показался Мардохай и Янкель. Сердце Тараса замерло.

— Что? удачно? — спросил он их с нетерпением дикого коня.

Но прежде еще, нежели жиды собрались с духом отвечать, Тарас заметил, что у Мардохая уже не было последнего локона, который, хотя довольно неопрятно, но все же вился кольцами из-под яломка его. Заметно было, что он хотел что-то сказать, но наговорил такую дрянь, что Тарас ничего не понял. Да и сам Янкель прикладывал очень часто руку ко рту, как будто бы страдал простудою.

— О любезный пан, — сказал Янкель, — теперь совсем не можно! ей-Богу, не можно! Такой нехороший народ, что ему надо на самую голову наплевать. Вот и Мардохай скажет; Мардохай делал такое, какого еще не делал ни один человек на свете; но Бог не захотел, чтобы так было. Три тысячи войска стоят, и завтра их всех будут казнить.

Тарас глянул в глаза жидам, но уже без нетерпения и гнева.

— А если пан хочет видеться, то завтра нужно рано, так чтобы еще и солнце не всходило. Часовые соглашаются, и один левентарь[31] обещался. Только пусть им не будет на том свете счастья, ой, вей мир! что это за корыстный народ! и между нами таких нет: пятьдесят червонцев я дал каждому, а левентарю...

— Хорошо. Веди меня к нему! — произнес Тарас решительно, и вся твердость возвратилась в его душу.

Он согласился на предложение Янкеля переодеться иностранным графом, приехавшим из немецкой земли, для чего платье уже успел припасти дальновидный жид. Была уже ночь. Хозяин дома, известный рыжий жид с веснушками, вытащил тощий тюфяк, накрытый какою-то рогожею, и разостлал его на лавке для Бульбы. Янкель лег на полу на таком же тюфяке. Рыжий жид выпил небольшую чарочку какой-то настойки, скинул полукафтанье и, сделавшись в своих чулках и башмаках несколько похожим на цыпленка, отправился с своею жидовкой во что-то похожее на шкаф. Двое жиденков, как две домашние собачки, легли на полу возле шкафа. Но Тарас не спал; он сидел неподвижен и слегка барабанил пальцами по столу; он держал во рту люльку и пускал дым, от которого жид спросонья чихал и заворачивал в одеяло свой нос. Едва небо успело тронуться бледным предвестием зари, он уже толкнул ногою Янкеля.

---

31 . левентарь, или регментарь - начальник охраны.

— Вставай, жид, и давай твою графскую одежду!

В минуту оделся он; вычернил усы, брови, надел на темя маленькую темную шапочку, — и никто бы из самых близких к нему казаков не мог узнать его. По виду ему казалось не более тридцати пяти лет. Здоровый румянец играл на его щеках, и самые рубцы придавали ему что-то повелительное. Одежда, убранная золотом, очень шла к нему.

Улицы еще спали. Ни одно меркантильное существо еще не показывалось в городе с коробкою с руках. Бульба и Янкель пришли к строению, имевшему вид сидящей цапли. Оно было низкое, широкое, огромное, почерневшее, и с одной стороны его выкидывалась, как шея аиста, длинная узкая башня, на верху которой торчал кусок крыши. Это строение отправляло множество разных должностей: тут были и казармы, и тюрьма, и даже уголовный суд. Наши путники вошли в ворота и очутились среди пространной залы, или крытого двора. Около тысячи человек спали вместе. Прямо шла низенькая дверь, перед которой сидевшие двое часовых играли в какую-то игру, состоявшую в том, что один другого бил двумя пальцами по ладони. Они мало обратили внимания на пришедших и поворотили головы только тогда, когда Янкель сказал:

— Это мы, слышите, паны, это мы.

— Ступайте! — говорил один из них, отворяя одною рукою дверь, а другую подставляя своему товарищу для принятия от него ударов.

Они вступили в коридор, узкий и темный, который опять привел их в такую же залу с маленькими окошками вверху.

— Кто идет? — закричало несколько голосов, и Тарас увидел порядочное количество воинов в полном вооружении. — Нам никого не велено пускать.

— Это мы! — кричал Янкель, — ей-Богу, мы, ясные паны!

Но никто не хотел слушать. К счастию, в это время

подошел какой-то толстяк, который по всем приметам казался начальником, потому что ругался сильнее всех.

— Пан, это ж мы; вы уже знаете нас, и пан граф еще будет благодарить.

— Пропустите, сто дьяблов чертовой матке! И больше никого не пускайте! Да саблей чтобы никто не скидал и не собачился на полу...

Продолжения красноречивого приказа уже не слышали наши путники.

— Это мы, это я, это свои! — говорил Янкель, встречаясь со всяким.

— А что, можно теперь? — спросил он одного из стражей, когда они наконец подошли к тому месту, где коридор уже оканчивался.

— Можно; только не знаю, пропустят ли вас в самую тюрьму. Теперь уже нет Яна: вместо его стоит другой, — отвечал часовой. _

— Ай, ай! — произнес тихо жид, — это скверно, любезный пан!

— Веди! — произнес упрямо Тарас.

Жид повиновался.

У дверей подземелья, оканчивавшихся кверху острием, стоял гайдук с усами в три яруса. Верхний ярус усов шел назад, другой прямо вперед, третий вниз, что делало его очень похожим на кота.

Жид съежился в три погибели и почти боком подошел к нему:

— Ваша ясновельможность! ясновельможный пан!

— Ты, жид, это мне говоришь?

— Вам, ясновельможный пан.

— Гм... а я просто гайдук! — сказал трехъярусный усач с повеселевшими глазами.

— А я, ей-Богу, думал, что это сам воевода. Ай, ай, ай... — При этом жид покрутил головою и расставил пальцы. — Ай, какой важный вид! Ей-Богу, полковник, совсем полковник! Вот еще бы только на палец прибавить, то и полковник. Нужно бы пана посадить на жеребца, такого скорого, как муха, да и пусть муштрует полки!

Гайдук поправил нижний ярус усов своих, причем глаза его совершенно развеселились.

— Что за народ военный! — продолжал жид, — ой, вей мир, что за народ хороший! Шнуречки, бляшечки... так от них блестит, как от солнца; а цурки [32], где только увидят военных... ай, ай!

Жид опять покрутил головою.

Гайдук завил рукою верхние усы и пропустил сквозь зубы звук, несколько похожий на лошадиное ржание.

— Прошу пана оказать услугу! — произнес жид. — Вот князь приехал из чужого края, хочет посмотреть на казаков. Он еще сроду не видел, что это за народ казаки.

Появление иностранных графов и баронов было в Польше довольно обыкновенно: они часто были завлекаемы единственно любопытством посмотреть этот почти полуазиатский угол Европы. Московию и Украину они почитали уже находящимися в Азии. И потому гайдук, поклонившись довольно низко, почел приличным прибавить несколько слов от себя:

— Я не знаю, ваша ясновельможность, — говорил он, — зачем вам хочется смотреть их. Это собаки, а не люди. И вера у них такая, что никто не уважает.

— Врешь ты, чертов сын! — сказал Бульба, — сам ты собака! Как ты смеешь говорить, что нашу веру не уважают! Это вашу еретическую веру не уважают!

— Эге-ге! — сказал гайдук, — а я знаю, приятель, ты кто: ты сам из тех, которые уже сидят у меня. Постой же, я позову сюда наших.

---

32 . цурки - девушки.

Тарас увидел свою неосторожность; но упрямство и досада помешали ему подумать о том, как бы исправить ее. К счастию, Янкель в ту же минуту успел подвернуться.

— Ясновельможный пан! как же можно, чтобы граф да был казак? А если бы он был казак, то где бы он достал такое платье и такой вид графский?

— Рассказывай себе! — И гайдук уже раскрыл было широкий рот свой, чтобы крикнуть.

— Ваше королевское величество! молчите! молчите, ради Бога! — закричал Янкель, — молчите! мы уже вам за это заплатим так, как еще никогда и не видели: мы дадим вам два золотых червонца.

— Эге! два червонца! Два червонца мне нипочем; я цирюльнику даю два червонца за то, чтобы мне только половину бороды выбрил. Сто червонных давай, жид! — Тут гайдук закрутил верхние усы. — А как не дашь ста червонных, сейчас закричу!

— И на что бы так много? — горестно сказал побледневший жид, развязывая кожаный мешок свой. Но он счастлив был, что в его кошельке не было более и что гайдук далее ста не умел считать.

— Пан, пан! уйдем скорее! Видите, какой тут нехороший народ! — сказал Янкель, заметивши, что гайдук перебирал на руке деньги, как бы жалея о том, что не запросил более.

— Что ж ты, чертов гайдук, — сказал Бульба, — деньги взял, а показать и не думаешь? Нет, ты должен показать. Уж когда деньги получил, то ты не вправе теперь отказать.

— Ступайте, ступайте к дьяволу! а не то я сию минуту дам знать, и вас тут... Уносите скорее ноги, говорю я вам!

— Пан! пан! пойдем, ей-Богу, пойдем. Цур им! Пусть им приснится такое, что плевать нужно! — кричал бедный Янкель.

Бульба медленно, потупив голову, оборотился и шел

назад, преследуемый укорами Янкеля, которого ела грусть при мысли о даром потерянных червонцах.

— И на что бы трогать? Пусть бы, собака, бранился! То уже такой народ, что не может не браниться! Ох, вей мир, какое счастие посылает Бог людям! Сто червонцев за то только, что прогнал нас! А наш брат: ему и пейсики оборвут, и из морды сделают такое, что и глядеть не можно, а никто не даст ста червонных. О Боже мой! Боже милосердый!

Но неудача эта гораздо более имела влияния на Бульбу; она выражалась пожирающим пламенем в его глазах.

— Пойдем! — сказал он вдруг, как бы встряхнувшись. — Пойдем на площадь. Я хочу посмотреть, как его будут мучить.

— Ой, пан, зачем ходить? Ведь нам этим не помочь уже.

— Пойдем! — упрямо сказал Бульба, и жид, как нянька, вздыхая, побрел вслед за ним.

Площадь, на которой долженствовала производиться казнь, нетрудно было отыскать: народ валил туда со всех сторон. В тогдашний грубый век это составляло одно из занимательнейших зрелищ не только для черни, но и для высших классов. Множество старух самых набожных, множество молодых девушек и женщин самых трусливых, которым после всю ночь грезились окровавленные трупы, которые кричали спросонья так громко, как только может крикнуть гусар, не пропускали, однако же, случая полюбопытствовать. «Ах, какое мученье!» — кричали из них многие с истерическою лихорадкою, закрывая глаза и отворачиваясь, однако же простаивали иногда довольно времени. Иной, и рот разинув, и руки вытянув вперед, желал бы вскочить всем на головы, чтобы оттуда посмотреть повиднее. Из толпы узких, небольших и обыкновенных голов высовывал свое толстое лицо мясник, наблюдал весь процесс с видом знатока и разговаривал односложными словами с оружейным мастером, которого называл кумом, потому что в праздничный день напивался с ним в одном шинке. Иные рассуждали с жаром, другие даже держали пари; но большая часть была таких, которые на весь мир и на все, что ни случается в свете, смотрят, ковыряя пальцем в своем носу. На переднем плане, возле самых усачей, составлявших городовую гвардию, стоял молодой шляхтич, или казавшийся шляхтичем, в военном костюме, который надел на себя решительно все, что у него ни было, так что на его квартире оставалась только изодранная рубашка да старые сапоги. Две цепочки, одна сверх другой, висели у него на шее с каким-то дукатом. Он стоял с коханкою своею, Юзысею, и беспрестанно оглядывался, чтобы кто-нибудь не замарал ее шелкового платья. Он ей растолковал совершенно все, так что уже решительно не можно было ничего прибавить. «Вот это, душечка Юзыся, — говорил он, — весь народ, что вы видите, пришел затем, чтобы посмотреть, как будут казнить преступников. А вот тот, душечка, что, вы видите, держит в руках секиру и другие инструменты, то палач, и он будет казнить. И как начнет колесовать и другие делать муки, то преступник еще будет жив; а как отрубят голову, то он, душечка, тотчас и умрет. Прежде будет кричать и двигаться, но как только отрубят голову, тогда ему не можно будет ни кричать, ни есть, ни пить, оттого что у него, душечка, уже больше не будет головы». И Юзыся все это слушала со страхом и любопытством.

Крыши домов были усеяны народом. Из слуховых окон выглядывали престранные рожи с усами и в чем-то похожем на чепчики. На балконах, под балдахинами, сидело аристократство. Хорошенькая ручка смеющейся, блистающей, как белый сахар, панны держалась за перила. Ясновельможные паны, довольно плотные, глядели с важным видом. Холоп в блестящем убранстве, с откидными назад рукавами, разносил тут же разные напитки и съестное. Часто шалунья с черными глазами, схвативши светлою ручкою своею пирожное и плоды, кидала в народ. Толпа голодных рыцарей подставляла наподхват свои шапки, и какой-нибудь высокий шляхтич, высунувшийся из толпы своею головою, в полинялом красном кунтуше [33] с почерневшими золотыми шнурками, хватал первый с помощию длинных рук, целовал полученную добычу, прижимал ее к сердцу и потом клал в рот. Сокол, висевший в золотой клетке под балконом, был также зрителем: перегнувши набок нос и поднявши лапу, он с своей стороны рассматривал также внимательно народ. Но толпа вдруг зашумела, и со всех сторон раздались голоса: «Ведут! ведут! казаки!»

Они шли с открытыми головами, с длинными чубами; бороды у них были отпущены. Они шли не боязливо, не угрюмо, но с какою-то тихою горделивостию; их платья из дорогого сукна износились и болтались на них ветхими лоскутьями, они не глядели и не кланялись народу. Впереди всех шел Остап.

Что почувствовал старый Тарас, когда увидел своего Остапа? Что было тогда в его сердце! Он глядел на него из толпы и не проронил ни одного движения его. Они приблизились уже к лобному месту. Остап остановился. Ему первому приходилось выпить эту тяжелую чашу. Он глянул на своих, поднял руку вверх и произнес громко:

— Дай же, Боже, чтобы все, какие тут ни стоят еретики, не услышали, нечестивые, как мучится христианин! чтобы ни один из нас не промолвил ни одного слова!

После этого он приблизился к эшафоту.

— Добре, сынку, добре! — сказал тихо Бульба и уставил в землю свою седую голову.

Палач сдернул с него ветхие лохмотья; ему увязали руки и ноги в нарочно сделанные станки, и... не будем смущать читателей картиною адских мук, от которых дыбом

---

33 . кунтуш - верхнее старинное платье.

поднялись бы их волосы. Они были порождение тогдашнего грубого, свирепого века, когда человек вел еще кровавую жизнь одних воинских подвигов и закалился в ней душою, не чуя человечества. Напрасно некоторые, немногие, бывшие исключениями из века, являлись противниками сих ужасных мер. Напрасно король и многие рыцари, просветленные умом и душой, представляли, что подобная жестокость наказаний может только разжечь мщение казацкой нации. Но власть короля и умных мнений была ничто пред беспорядком и дерзкой волею государственных магнатов, которые своей необдуманностью, непостижимым отсутствием всякой дальновидности, детским самолюбием и ничтожною гордостью превратили сейм в сатиру на правление.

Остап выносил терзания и пытки, как исполин. Ни крика, ни стона не было слышно даже тогда, когда стали перебивать ему на руках и ногах кости, когда ужасный хряск их послышался среди мертвой толпы отдаленными зрителями, когда панянки отворотили глаза свои, — ничто, похожее на стон, не вырвалось из уст его; не дрогнулось лицо его. Тарас стоял в толпе, потупив голову и в то же время гордо приподняв очи, одобрительно только говорил: «Добре, сынку, добре!»

Но когда подвели его к последним смертным мукам, казалось, как будто стала подаваться его сила. И повел он очами вокруг себя: Боже! все неведомые, все чужие лица! Хоть бы кто-нибудь из близких присутствовал при его смерти. Он не хотел бы слышать рыданий и сокрушения слабой матери или безумных воплей супруги, исторгающей волосы и биющей себя в белые груди; хотел бы он теперь увидеть твердого мужа, который бы разумным словом освежил его и утешил при кончине. И упал он силою и выкликнул в душевной немощи:

— Батько! где ты? слышишь ли ты все это?

— Слышу! — раздалось среди всеобщей тишины, и весь миллион народа в одно время вздрогнул. Часть военных всадников бросилась заботливо рассматривать толпы народа. Янкель побледнел как смерть, и, когда всадники немного отдалились от него, он со страхом оборотился назад, чтобы взглянуть на Тараса, но Тараса уже возле него не было: его и след простыл.

XII

Отыскался след Тарасов. Сто двадцать тысяч казацкого войска показалось на границах Украины. Это уже не была какая-нибудь малая часть или отряд, выступивший на добычу или на угон за татарами. Нет; поднялась вся нация, ибо переполнилось терпение народа. Поднялась отомстить за посмеянье прав своих, за позорное унижение своих нравов, за оскорбление веры предков и святого обычая, за посрамление церквей, за бесчинства чужеземных панов, за угнетенье, за унию, за позорное владычество жидовства на христианской земле — за все, что копило и сугубило с давних времен суровую ненависть казаков. Молодой, но сильный духом гетман Остраница предводил всею несметной казацкой силою. Возле был виден престарелый, опытный товарищ его и советник, Гуня. Восемь полковников вели двенадцатитысячные полки. Два генеральные есаула и генеральный бунчужный [34] ехали вслед за гетманом. Генеральный хорунжий предводил главное знамя; много других хоругвей и знамен развевалось вдали; бунчуковые товарищи несли бунчуки. Много также было других чинов

---

34. генеральный бунчужный - хранитель бунчука, жезла - символа гетманской власти.

полковых, обозных, войсковых товарищей, полковых писарей и с ними пеших и конных отрядов; почти столько же, сколько было рейстровых казаков, набралось охочекомонных и вольных. Отвсюду поднялись казаки: от Чигирина, от Переяслава, от Батурина, от Глухова, от низовой стороны днепровской и от всех его верховий и островов. Без счету кони и несметные таборы телег потянулись по полям. И между теми-то казаками, между теми восьмью полками отборнее всех был один полк; и полком тем предводил Тарас Бульба. Все давало ему перевес пред другими: и преклонные лета, и опытность, и уменье двигать своим войском, и сильнейшая всех ненависть к врагам. Даже самим казакам казалась чрезмерною его беспощадная свирепость и жестокость. Только огонь да виселицу определяла седая голова его, и совет его в войсковом совете дышал только одним истреблением.

Нечего описывать всех битв, где показали себя казаки, ни всего постепенного хода кампании: все это внесено в летописные страницы. Известно, какова в Русской земле война, поднятая за веру. Нет силы сильнее веры. Непреоборима и грозна она, как нерукотворная скала среди бурного, вечно изменчивого моря. Из самой средины морского дна возносит она к небесам непроломные свои стены, вся созданная из одного цельного, сплошного камня. Отвсюду видна она и глядит прямо в очи мимобегущим волнам. И горе кораблю, который нанесется на нее! В щепы летят бессильные его снасти, тонет и ломится в прах все, что ни есть на нем, и жалким криком погибающих оглашается пораженный воздух.

В летописных страницах изображено подробно, как бежали польские гарнизоны из освобождаемых городов; как были перевешаны бессовестные арендаторы-жиды; как слаб был коронный гетман Николай Потоцкий с многочисленною своею армиею против этой непреодолимой силы; как, разбитый, преследуемый, перетопил он в небольшой речке лучшую часть своего войска; как облегли его в небольшом местечке Полонном грозные казацкие полки и как, приведенный в крайность, польский гетман клятвенно обещал полное удовлетворение во всем со стороны короля и государственных чинов и возвращение всех прежних прав и преимуществ. Но не такие были казаки, чтобы поддаться на то: знали они уже, что такое польская клята. И Потоцкий не красовался бы больше на шеститысячном своем аргамаке, привлекая взоры знатных панн и зависть дворянства, не шумел бы на сеймах, задавая роскошные пиры сенаторам, если бы не спасло его находившееся в местечке русское духовенство. Когда вышли навстречу все попы в светлых золотых ризах, неся иконы и кресты, и впереди сам архиерей с крестом в руке и в пастырской митре, преклонили казаки все свои головы и сняли шапки. Никого не уважили бы они на ту пору, ниже самого короля; но против своей Церкви христианской не посмели и уважили свое духовенство. Согласился гетман вместе с полковниками отпустить Потоцкого, взявши с него клятвенную присягу оставить на свободе все христианские церкви, забыть старую вражду и не наносить никакой обиды казацкому воинству. Один только полковник не согласился на такой мир. Тот один был Тарас. Вырвал он клок волос из головы своей и вскрикнул:

— Эй, гетман и полковники! не сделайте такого бабьего дела! не верьте ляхам: продадут, псяюхи!

Когда же полковой писарь подал условие и гетман приложил свою властную руку, он снял с себя чистый булат, дорогую турецкую саблю из первейшего железа, разломил ее надвое, как трость, и кинул далеко в разные стороны оба конца, сказав:

— Прощайте же! Как двум концам сего палаша не соединиться в одно и не составить одной сабли, так и нам, товарищи, больше не видаться на этом свете! Помяните же

132

прощальное мое слово (при сем слове голос его вырос, поднялся выше, принял неведомую силу, — и смутились все от пророческих слов): перед смертным часом своим вы вспомните меня! Думаете, купили спокойствие и мир, думаете, пановать станете? Будете пановать другим пapanованьем: сдерут с твоей головы, гетман, кожу! набьют ее гречаною половою, и долго будут видеть ее по всем ярмаркам! Не удержите и вы, паны, голов своих! пропадете в сырых погребах, замурованные в каменные стены, если вас, как баранов, не сварят всех живыми в котлах!

— А вы, хлопцы! — продолжал он, оборотившись к своим. — Кто из вас хочет умирать своею смертью? Не по запечьям и бабьим лежанкам, не пьяными под забором у шинка, подобно всякой падали, а честной казацкой смертью, всем на одной постели, как жених с невестою! или, может быть, хотите воротиться домой, да оборотиться в недоверков, да возить на своих спинах польских ксендзов?

— За тобою, пане полковнику! за тобою! — вскрикнули все, которые были в Тарасовом полку, и к ним прибежало немало других.

— А коли за мною, так за мною же! — сказал Тарас, надвинув глубже на голову себе шапку, грозно взглянул на всех оставшихся, оправился на коне своем и крикнул своим:

— Не попрекнет же никто нас обидной речью! А ну, гайда, хлопцы, в гости к католикам!

И вслед за тем ударил он по коню, и потянулся за ним табор из ста телег, и с ними много было казацких конников и пехоты, и, оборотясь, грозил взором всем остававшимся, — и гневен был взор его. Никто не посмел остановить их. В виду всего воинства уходил полк, и долго еще оборачивался Тарас и все грозил.

Смутны стояли гетман и полковники; задумалися все и молчали долго, как будто теснимые каким-то тяжелым предвестием. Недаром провещал Тарас. Так все и сбылось, как он провещал. Немного времени спустя, после вероломного поступка под Каневом, вздернута была голова гетмана на кол вместе со многими из первейших сановников.

А что же Тарас? А Тарас гулял по всей Польше с своим полком, выжег восемнадцать местечек, близ сорока костелов и уже доходил до Кракова. Много избил он всякой шляхты, разграбил богатейшие и лучшие замки, распечатали и поразливали по земле казаки вековые меды и вина, сохранно сберегавшиеся в панских погребах; изрубили и пережгли дорогие сукна, одежды и утвари, находимые в кладовых. «Ничего не жалейте!» — повторял только Тарас. Не уважили казаки чернобровых панянок, белогрудых, светлоликих девиц: у самых алтарей не могли спастись они; зажигал их Тарас вместе с алтарями. Не одни белоснежные руки подымались из огненного пламени к небесам, сопровождаемые жалкими криками, от которых бы подвигнулась самая сырая земля и степная трава поникла бы от жалости долу. Но не внимали ничему жестокие казаки и, поднимая копьями с улиц младенцев их, кидали к ним же в пламя. «Это вам, вражьи ляхи, поминки по Остапе!» — приговаривал только Тарас. И такие поминки по Остапе отправлял он в каждом селении, пока польское правительство не увидело, что поступки Тараса были побольше, чем обыкновенное разбойничество, и тому же самому Потоцкому поручено было с пятью полками поймать непременно Тараса.

Шесть дней уходили казаки проселочными дорогами от всех преследований; едва выкосили кони необыкновенное бегство и спасали казаков. Но Потоцкий на сей раз был достоин возложенного поручения: неутомимо преследовал он их и настиг на берегу Днестра, где Бульба занял для роздыха оставленную развалившуюся крепость.

Над самой кручей у Днестра-реки виднелась она своим оборванным валом и своими развалившимися останками стен. Щебнем и разбитым кирпичом усеяна была верхушка утеса, готовая всякую минуту сорваться и слететь вниз. Тут-то, с двух сторон, прилежащих к полю, обступил его коронный гетман Потоцкий. Четыре дня бились и боролись казаки, отбиваясь кирпичами и каменьями. Но истощились запасы и силы, и решился Тарас пробиться сквозь ряды. И пробились было уже казаки, и, может быть, еще раз послужили бы им верно быстрые кони, как вдруг среди самого бегу остановился Тарас и вскрикнул: «Стой! выпала люлька с табаком; не хочу, чтобы и люлька досталась вражьим ляхам!» И нагнулся старый атаман и стал отыскивать в траве свою люльку с табаком, неотлучную сопутницу на морях и на суше, и в походах, и дома. А тем временем набежала вдруг ватага и схватила его под могучие плечи. Двинулся было он всеми членами, но уже не посыпались на землю, как бывало прежде, схватившие его гайдуки. «Эх, старость, старость!» — сказал он, и заплакал дебелый старый казак. Но не старость была виною: сила одолела силу. Чуть не тридцать человек повисло у него по рукам и по ногам. «Попалась ворона! — кричали ляхи. — Теперь нужно только придумать, какую бы ему, собаке, лучшую честь воздать». И присудили, с гетманского разрешенья, сжечь его живого в виду всех. Тут же стояло голое дерево, вершину которого разбило громом. Притянули его железными цепями к древесному стволу, гвоздем прибивши ему руки и приподняв его повыше, чтобы отсюду был виден казак, и принялись тут же раскладывать под деревом костер. Но не на костер глядел Тарас, не об огне он думал, которым собирались жечь его; глядел он, сердечный, в ту сторону, где отстреливались казаки: ему с высоты все было видно как на ладони.

— Занимайте, хлопцы, занимайте скорее, — кричал он, — горку, что за лесом: туда не подступят они!

Но ветер не донес его слов.

— Вот пропадут, пропадут ни за что! — говорил он отчаянно и взглянул вниз, где сверкал Днестр. Радость

135

блеснула в очах его. Он увидел выдвинувшиеся из-за кустарника четыре кормы, собрал всю силу голоса и зычно закричал:

— К берегу! к берегу, хлопцы! спускайтесь подгорной дорожкой, что налево. У берега стоят челны, все забирайте, чтобы не было погони.

На этот раз ветер дунул с другой стороны, и все слова были услышаны казаками. Но за такой совет достался ему тут же удар обухом по голове, который переворотил все в глазах его.

Пустились казаки во всю прыть подгорной дорожкой; а уж погоня за плечами. Видят: путается и загибается дорожка и много дает в сторону извивов. «А, товарищи! не куда пошло!» — сказали все, остановились на миг, подняли свои нагайки, свистнули — и татарские их кони, отделившись от земли, распластавшись в воздухе, как змеи, перелетели через пропасть и бултыхнули прямо в Днестр. Двое только не попали в реку, грянулись с вышины об каменья и пропали там навеки с конями, даже не успевши издать крику. А казаки уже плыли с конями в реке и отвязывали челны. Остановились ляхи над пропастью, дивясь неслыханному казацкому делу и думая: прыгать ли им, или нет? Один молодой полковник, живая, горячая кровь, родной брат прекрасной полячки, обворожившей бедного Андрия, не подумал долго и бросился со всех сил с конем за казаками. Перевернулся три раза в воздухе с конем своим и прямо грянулся на острые утесы. В куски изорвали его острые камни, пропавшего среди пропасти, и мозг его, смешавшись с кровью, обрызгал росшие по неровным стенам провала кусты.

Когда очнулся Тарас Бульба от удара и глянул на Днестр, уже казаки были на челнах и гребли веслами; пули сыпались на них сверху, но не доставали. И вспыхнули радостные очи у старого атамана.

— Прощайте, товарищи! — кричал он им сверху. —

Вспоминайте меня и будущей же весной прибывайте сюда вновь да хорошенько погуляйте! Что, взяли, чертовы ляхи? думаете, есть что-нибудь на свете, чего бы побоялся казак? Постойте же, придет время, будет время, узнаете вы, что такое православная русская вера! Уже и теперь чуют дальние и близкие народы: подымется из Русской земли свой царь, и не будет в мире силы, которая бы не покорилась ему!..

А уже огонь подымался над костром, захватывал его ноги и разостлался пламенем по дереву... Да разве найдутся на свете такие огни и муки и сила такая, которая бы пересилила русскую силу!

Немалая река Днестр, и много на ней заводьев, речных густых камышей, отмелей и глубокодонных мест, блестит речное зеркало, оглашенное звонким ячаньем лебедей, и гордый гоголь быстро несется по нем, и много куликов, краснозобых курухтанов и всяких иных птиц в тростниках и на прибрежьях. Казаки быстро плыли на узких двухрульных челнах, дружно гребли веслами, осторожно миновали отмели, всполашивая подымавшихся птиц, и говорили про своего атамана.

www.ingramcontent.com/pod-product-compliance
Lightning Source LLC
Chambersburg PA
CBHW032122020726
47494CB00007BA/2196